Geoidea

LIBRO 3D

GEOmillennio

Laboratorio ambiente e sviluppo

DeAGOSTINI

DeAGOSTINI

internet: www.deagostiniscuola.it
e-mail: redazione@deagostiniscuola.it

La Casa Editrice è certificata da
CISQCERT
In conformità alla norma UNI EN ISO 9001:2000
per l'attività di «Progettazione e realizzazione
di prodotti per l'editoria scolastica»
(certificato n. 02.565)

I testi di questo volume sono opera di: Marilisa Del Giudice; Carlo Guaita; Valerio Bini
e Sara Bin per Fondazione Fontana onlus

Redattore responsabile:	Alessio Delfrati
Tecnico responsabile:	Marco Grilli
Progetto grafico:	Studio Talarico – Lissone (MI)
Copertina:	Simona Speranza, Nadia Maestri
Redazione:	Carlotta D'Angeli
Realizzazione:	BEM sas, Milka Gandini
Disegni:	Studio Talarico, Stefano Mazzola; Graffito; Studio Aguilar; Milka Gandini
Cartografia:	Graffito; Studio Aguilar; Studio Talarico
Ricerca iconografica:	Carlotta D'Angeli
Prestampa:	GFB
Art Direction:	Nadia Maestri

1ª edizione: gennaio 2010
Printed in Italy

Le fotografie di questo volume sono state fornite da: De Agostini Editore Picture Library – NASA (National Aeronautics and Space Administration) – ESA (European Space Agency) – ASA (Asociacion Solidaridad y Accion) – GettyImages

Stampa: DeAprinting – Novara

Ristampa

Anno:	2010	2011	2012	2013	2014	2015
	1	2 3	4 5	6 7	8 9	10 11

Presentazione

Un "Laboratorio" per pensare il mondo globale vicino a noi

Territorio e ambiente, sviluppo locale e globalizzazione sono solo alcuni dei termini più ricorrenti nel vocabolario del nuovo millennio, spesso utilizzati con significati mutevoli, talvolta persino ambigui. Alla geografia spetta l'importante compito di ridare significato a parole che le appartengono. In quanto scienza sociale, la geografia è per vocazione finalizzata allo studio delle relazioni, quelle dell'uomo con i diversi ambienti che caratterizzano i territori dell'abitare, i flussi (materiali e informativi) che mettono in comunicazione le diverse aree del pianeta, i progetti che modificano i territori e le dinamiche politico-economiche locali e globali che li sottendono. Alla scuola va il compito di restare il luogo privilegiato per imparare a leggere la complessità di queste relazioni e formare, quindi, cittadini consapevoli e responsabili.

Il quaderno è suddiviso in due parti legate da un filo conduttore comune: gli otto Obiettivi di Sviluppo del Millennio, un impegno preso dalle Nazioni Unite durante il Vertice del Millennio, tenutosi a New York nel settembre del 2000, e da realizzare nell'arco di quindici anni:

1. eliminare la povertà estrema e la fame;
2. raggiungere l'istruzione primaria universale;
3. promuovere l'uguaglianza tra i sessi e conferire potere e responsabilità alle donne;
4. ridurre la mortalità infantile di due terzi;
5. migliorare la salute materna;
6. arrestare la diffusione dell'AIDS, della malaria e di altre malattie;
7. assicurare la sostenibilità ambientale;
8. sviluppare una partnership globale a favore dello sviluppo (cooperazione, riduzione del debito, commercio equo).

È l'UNDP, il Programma delle Nazioni Unite per lo Sviluppo, a farsi carico della promozione degli Obiettivi e del monitoraggio del loro stato di avanzamento.

Il **primo laboratorio**, dedicato al settimo Obiettivo di sviluppo del Millennio ("assicurare la sostenibilità ambientale"), ha lo scopo di fornire alcuni strumenti fondamentali e chiavi di lettura per l'analisi dell'ambiente: presenta quindi alcuni indicatori ambientali e prende in esame relazioni territoriali e problematiche ambientali, anche attraverso la lettura delle immagini satellitari.

Il settimo obiettivo è la condizione essenziale per l'esistenza di tutti gli altri obiettivi, anche della stessa lotta alla povertà. Consapevoli del fatto che il benessere economico e sociale globale dipende dalla sostenibilità ambientale, la lotta per ridurre la povertà e quella per raggiungere lo sviluppo sostenibile devono essere condotte insieme. La gestione incontrollata delle risorse, al contrario, porta allo sfruttamento (a volte spinto fino alla cancellazione) di elementi naturali fondamentali come le foreste, la terra, l'acqua, le riserve di pesca ecc. Queste pratiche sono state la causa, negli ultimi decenni, di cambiamenti allarmanti nel sistema uomo-ambiente, spesso a danno delle popolazioni più deboli che dipendono da queste stesse risorse naturali per il proprio sostentamento. Attraverso il settimo obiettivo, ci si propone quindi di integrare i principi di sostenibilità ambientale nelle politiche e nei programmi degli Stati; invertire la perdita di risorse ambientali; ridurre di metà la porzione di persone senza un accesso all'acqua pulita; raggiungere entro il 2010 un significativo miglioramento nella qualità della vita di almeno 100 milioni di persone che vivono nelle periferie degradate del pianeta.

Nella **seconda parte**, dopo aver presentato gli indicatori demografici, sociali ed economici utilizzati per descrivere e interpretare molti fenomeni geografici, viene dato ampio spazio agli altri sette Obiettivi del Millenio che, intrecciati l'uno all'altro, si presentano come il filo conduttore di una riflessione sulla complessità dei diversi nodi critici del pianeta:

- la crisi alimentare mondiale del 2008 e gli stili di vita delle nazioni del fast food forniscono l'occasione per affrontare la problematica degli squilibri economici internazionali e le diverse povertà che attanagliano il pianeta;
- le pagine relative agli obiettivi 2 e 3 (istruzione primaria universale e uguaglianza tra i sessi) permettono di riflettere sulle condizioni degli strati più deboli della popolazione ovvero i bambini e le donne, i cui diritti e bisogni vengono spesso messi in secondo piano se non addirittura dimenticati;
- le schede su HIV/AIDS, malaria e tubercolosi mettono in luce alcuni aspetti di un problema molto complesso che riguarda l'accesso alla salute nei Sud e nei Nord del pianeta, una questione che ha ripercussioni anche gravi sull'accesso all'istruzione e sugli squilibri di genere, trasversali a ogni problematica affrontata;
- infine, insieme al profilo istituzionale degli Obiettivi del Millennio, si pone l'accento sul ruolo della partecipazione sociale, sui movimenti a scala internazionale (Via Campesina), sul ruolo di una cooperazione pensata in termini comunitari (sovranità alimentare e commercio equo) e non solo economici.

Entrambi i laboratori presentano numerosi casi di studio, letture, testimonianze e carte che possono essere validi strumenti di orientamento, corredati da un cospicuo numero di esercizi che offre un efficace sostegno operativo allo studio.

Questo volume è stato realizzato in collaborazione con **Fondazione Fontana onlus**. Nata nel 1998, l'associazione promuove progetti di educazione allo sviluppo, informazione, cooperazione e solidarietà internazionale, in collaborazione con partner italiani e stranieri; sostiene e partecipa a reti e forme di coordinamento tra soggetti che condividono la sensibilità alla promozione umana.

I principali campi di attività sono la cooperazione internazionale (in Kenya, Ecuador e Bosnia-Erzegovina), la promozione della microfinanza, del microcredito e del commercio equo e solidale, l'informazione, la sensibilizzazione e l'educazione.

Per quanto riguarda quest'ultimo ambito, la Fondazione ha una doppia anima: virtuale, ovvero il portale d'informazione **Unimondo** (www.unimondo.org), importante fonte italiana sui temi della pace, dei diritti e dello sviluppo sostenibile, e territoriale, ossia la **World Social Agenda** (WSA, www.worldsocialagenda.org), un percorso culturale ed educativo su temi sociali di rilevanza internazionale, realizzato a cadenza annuale in collaborazione con diversi attori, in ambito scolastico ed extrascolastico. WSA, nata nel 1999, si svolge nelle province di Padova e Trento, dove la Fondazione ha sede, attraverso la realizzazione di percorsi formativi nelle scuole ed eventi pubblici.

Dal 2008, WSA ha dato il via a una programmazione, che si concluderà nel 2015, centrata sugli otto Obiettivi di Sviluppo del Millennio in cui l'ordine dei traguardi è rovesciato: un viaggio a ritroso dalla realizzazione del "partenariato globale per lo sviluppo" al raggiungimento dello "sradicamento della povertà estrema e della fame".

Attraverso una filosofia dell'educazione allo sviluppo, che trova le proprie radici nella creazione di relazioni stabili e costruttive con realtà eterogenee e spesso misconosciute a partire dal territorio, Fondazione Fontana intende proporre una lettura e un'analisi degli Obiettivi, considerando non solo i Sud del mondo, ma anche i territori del nostro abitare.

Sommario

Laboratorio 1
Ambiente e società

A L'ambiente in cifre

Funzioni e tipologie degli indicatori ambientali

Gli indicatori ambientali sono strumenti sintetici utilizzati per la rappresentazione ordinata di informazioni relative a fenomeni di vario genere.

Le funzioni

Gli indicatori sono importanti per valutare il rapporto tra l'uomo e l'ambiente e per misurare l'intensità nel consumo e nell'utilizzo delle risorse naturali. Hanno molte funzioni, ma soprattutto permettono di rappresentare l'evoluzione dei fenomeni e di pianificare politiche ambientali e programmi d'intervento. Possiamo raggruppare i diversi indicatori in base alla loro funzione:

- *funzione di pianificazione*: forniscono indicazioni ai decisori sulla situazione attuale, sulla sua evoluzione, sull'efficacia degli interventi previsti;
- *funzione di comunicazione*: forniscono informazioni all'opinione pubblica.

Per ulteriori informazioni sul Living Planet Index è possibile consultare il sito Internet www.panda.org Il Living Planet Report 2008 in italiano è disponibile al sito www.wwf.it

I tipi

Gli indicatori ambientali coinvolgono molte discipline (ecologia, economia, geografia, sociologia, urbanistica), ognuna delle quali li utilizza interpretandoli secondo il proprio punto di vista. Attualmente **non è ancora presente un protocollo standard** cui rapportare gli indicatori ambientali. Le principali organizzazioni che si occupano della messa a punto di modelli di riferimento sono:

- a livello internazionale, l'Organizzazione per la cooperazione e lo sviluppo economico (OCSE) e la Commissione per lo sviluppo sostenibile (ONU);
- a livello comunitario l'Agenzia europea per l'ambiente (AEA o EEA) e l'Ufficio di statistica della Commissione europea (EUROSTAT).

La Banca Mondiale ha riunito i lavori di queste differenti organizzazioni per fornire una visione d'insieme dell'argomento. A tal fine, gli indicatori ambientali sono stati suddivisi in due grandi categorie: gli **indicatori aggregati** e le **serie di indicatori**.

Gli indicatori aggregati

Nella categoria degli indicatori aggregati rientrano, per esempio, il *Living Planet Index* e l'*Indice di Impronta Ecologica*.

Il Living Planet Index

Il Living Planet Index (LPI) raggruppa tre differenti indicatori sullo **stato dell'ecosistema** naturale (popolazione delle specie vertebrate terrestri, popolazione delle specie di acqua dolce e popolazione delle specie marine) calcolati a livello mondiale. Il Living Planet Index misura quindi la ricchezza delle risorse fondamentali per la sopravvivenza della specie umana e come questa ricchezza si è modificata nel tempo. Il depauperamento attuato dal 1970 in poi è impressionante: in complesso è **scomparso il 30% del capitale naturale**.

Una riunione del comitato esecutivo dell'Agenzia Europea per l'ambiente.

La rappresentazione del Living Planet Index dal 1970 al 2005.

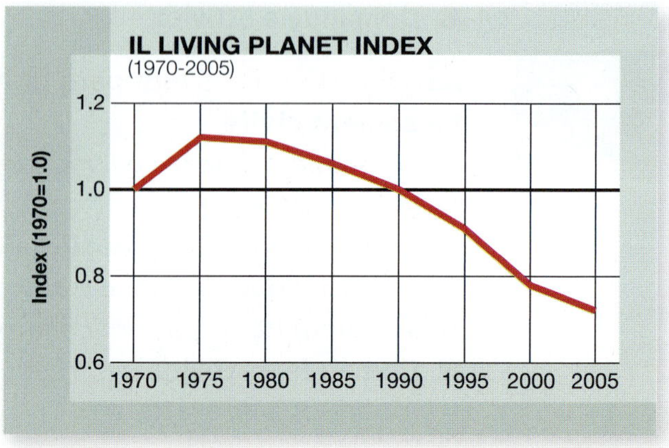

L'Indice di Impronta Ecologica

L'Indice di Impronta Ecologica (detto anche semplicemente Impronta Ecologica) misura il **consumo di risorse naturali da parte dell'umanità**. L'Impronta può essere confrontata con la capacità della natura di rinnovare le risorse impiegate.

L'Impronta Ecologica di un Paese corrisponde all'area totale richiesta:

- per produrre il cibo e le sostanze organiche che in esso si consumano;
- per assorbire i rifiuti che derivano dal consumo di energia;
- per costruire nuove abitazioni e servizi.

L'Impronta di per sé non è né positiva né negativa, ma va confrontata con la capacità biologica ambientale: si può parlare di sostenibilità se l'Impronta Ecologica dell'intera umanità non supera la capacità rigenerativa annua della natura. L'Impronta Ecologica è quindi uno strumento che i Paesi e le città possono utilizzare per valutare l'impatto ecologico delle loro decisioni di pianificazione.

Dalla fine degli anni Ottanta del secolo scorso l'umanità consuma più di quanto la natura produce annualmente. Come si può notare osservando il grafico, l'aumento dei consumi si è fatto particolarmente rapido negli ultimi anni e oggi l'umanità avrebbe bisogno di 1,3 pianeti per poter disporre delle risorse necessarie all'attuale modello di sviluppo. Se i consumi proseguiranno a questo ritmo, verrà intaccato in modo sempre più rilevante il patrimonio di risorse del pianeta, mettendo a rischio la vita delle generazioni future.

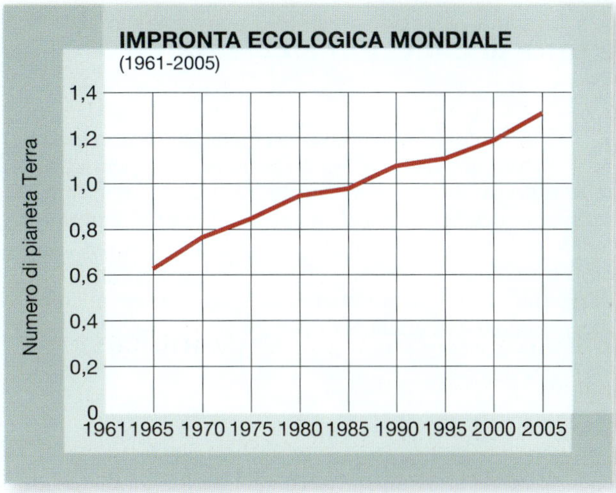

Come mostra il grafico, negli ultimi decenni l'Impronta Ecologica mondiale è più che raddoppiata.

Ulteriori indicazioni sull'Impronta Ecologica e sui calcoli compiuti per compilare questo indicatore si possono trovare consultando il sito www.footprintnetwork.org/it/index.php/GFN/

Ai differenti gradi di antropizzazione del territorio, cambia notevolmente l'Impronta Ecologica. Prova a fare qualche esempio a partire dalle immagini che rappresentano situazioni assai diverse: **1.** *la foresta amazzonica in Brasile;* **2.** *un villaggio nelle isole Filippine con risaie a terrazza;* **3.** *una cava di marmo in Portogallo;* **4.** *il paesaggio urbano di Tokyo, in Giappone.*

Le serie di indicatori ambientali

Gli indicatori ambientali sono molteplici e non esiste ancora un accordo su quali siano più utili per definire lo stato di salute dell'ambiente. In questa pagina presentiamo alcuni indicatori, scelti fra quelli più comunemente utilizzati, che permettono una facile interpretazione. Va comunque ricordato che solo la lettura incrociata di più indicatori è in grado di evidenziare fenomeni complessi come quelli ambientali.

Accesso all'acqua potabile

Percentuale della popolazione dotata di un accesso ragionevole (disponibilità di almeno 20 litri/giorno per persona ottenuti da una fonte situata a meno di 1 chilometro di distanza) a uno dei seguenti tipi di fornitura d'acqua potabile: acquedotti, fontane pubbliche, pozzi dotati di pompa, pozzi protetti, sorgenti protette o serbatoi d'acqua piovana.

Aree protette

Aree dotate di particolari caratteristiche ambientali, di cui lo Stato o altri organi che hanno potere di gestione del territorio garantiscono la salvaguardia grazie a specifici vincoli legislativi (parchi nazionali e regionali, foreste demaniali, oasi faunistiche ecc.).

Consumo di combustibili tradizionali

Consumo stimato di legna da ardere, carbonella, bagassa (residuo della canna da zucchero) e residui animali e vegetali.

Deforestazione

Pratiche o processi che determinano la conversione di aree forestali a un uso non forestale. Questo fenomeno rappresenta una delle maggiori cause dell'aumento della concentrazione di gas serra per due motivi: la combustione o la decomposizione del legno rilascia anidride carbonica; l'eliminazione di piante riduce l'assorbimento di anidride carbonica dall'atmosfera tramite la fotosintesi. La progressiva scomparsa delle foreste aumenta il rischio di erosione dei suoli e di estinzione di specie animali e vegetali (vedi *Perdita di biodiversità*).

Disponibilità di acqua dolce

Il fabbisogno minimo biologico pro capite per la sopravvivenza umana è di 5 litri d'acqua al giorno, ma per godere di accettabili condizioni di vita ne occorrono almeno 50.

Emissione di CO_2

Per emissione di biossido di carbonio si intende la quantità introdotta in atmosfera dalle diverse fonti inquinanti (principalmente centrali termoelettriche, impianti di riscaldamento, traffico) in un determinato arco di tempo. Generalmente viene espressa in tonnellate/anno.

Perdita di biodiversità

Il termine biodiversità è stato proposto dal biologo naturalista Edward O. Wilson nel 1999 per definire la varietà delle forme viventi sulla Terra. Per biodiversità di un determinato ambiente, in particolare, si intende la varietà di organismi viventi in esso presenti. La biodiversità è minacciata dal progressivo aumento dei fattori inquinanti e dalla riduzione degli habitat.

Richiesta totale di energia

Fabbisogno totale di energia, più i combustibili tradizionali che comprendono la legna da ardere, la carbonella, la bagassa, i residui animali, vegetali e di altro tipo.

Nel corso del Novecento si è verificato un continuo aumento delle emissioni di biossido di carbonio prodotte da combustibili fossili.

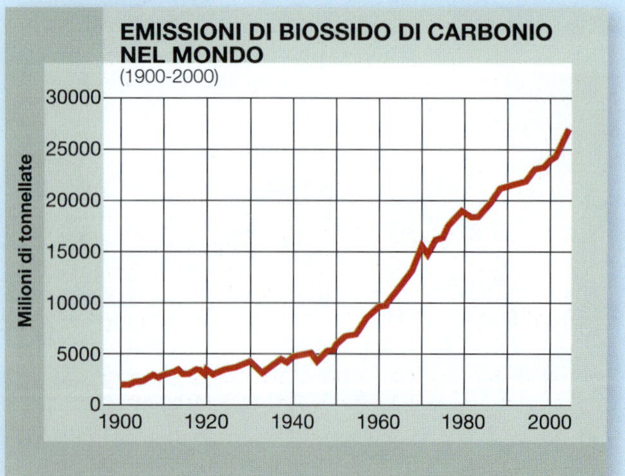

L'andamento dei tre indici ambientali utilizzati per il calcolo dell'LPI esprime in generale la perdita di biodiversità.

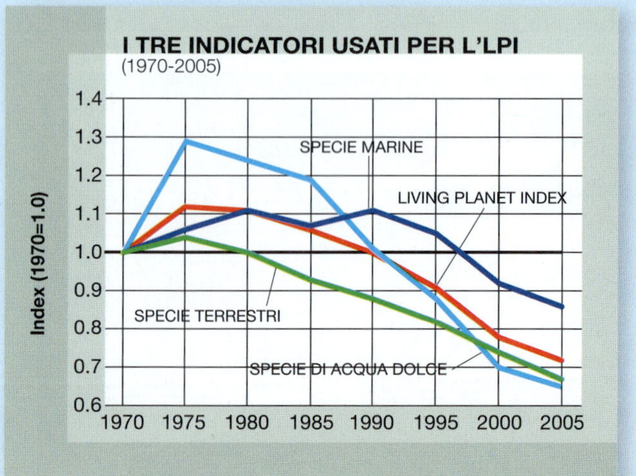

Domande e attività

1. L'impronta ecologica
Leggi attentamente il brano che spiega la procedura seguita nel calcolo dell'Indice di Impronta Ecologica. Vi sono alcuni siti Internet che consentono il calcolo della propria Impronta Ecologica. Misurare quale impatto sulla natura ha il nostro stile di vita è un primo passo per rendersi cittadini consapevoli. Collegandosi all'indirizzo Internet sottoriportato si può ricavare il dato della propria Impronta Ecologica considerando vari aspetti della vita quotidiana.

www.feem-project.net/pandora/impronta_eco.php

- Annota qui sotto i dati relativi alla tua Impronta Ecologica.

Come si calcola l'Impronta Ecologica?

Punto di partenza per il calcolo dell'Impronta Ecologica è la stima dei consumi, raggruppati in cinque categorie: **alimenti**, **trasporti**, **abitazioni**, **beni di consumo**, **servizi**.

Ognuno di questi consumi comporta un'Impronta Ecologica per più motivi: terreno necessario per produrre l'energia in forme sostenibili (senza utilizzare combustibili fossili o destinare terreno all'assorbimento degli inquinanti derivati dalla combustione), terreno agricolo, pascoli, terreno forestale, terreno degradato, superficie marina. Comprendere quanta superficie di diverso tipo debba essere associata ai vari consumi non è semplice. Esistono dati già elaborati che ci aiutano, in parte, a eseguire il calcolo dell'Impronta.

I seguenti esempi ci aiuteranno a capire di più.

Alimenti Il consumo di un chilogrammo di pane comporta un'Impronta Ecologica di circa 29,7 metri quadrati. La stessa quantità di carne bovina comporta un'Impronta di più di 300 metri quadrati.

I vegetali, il cui ciclo di produzione e consumo è più breve, comportano un'Impronta di circa 7 metri quadrati. Il consumo di un uovo comporta un'Impronta di 2,53 metri quadrati, mentre bere un bicchiere di latte corrisponde a circa 4 metri quadrati.

Trasporti Il trasporto incide sull'Impronta Ecologica per via del consumo di combustibile e dell'energia impiegata per la realizzazione dei veicoli. Per esempio, l'Impronta Ecologica di una persona che percorre cinque chilometri due volte al giorno per ogni giorno lavorativo può essere pari a circa 120 metri quadrati se usa la bicicletta, a circa 500 metri quadrati se usa l'autobus, a più di 2500 metri quadrati se usa l'automobile.

Abitazioni Le case creano un'Impronta Ecologica a causa dell'occupazione diretta del suolo e del consumo di energia e materiali per realizzarle e mantenerle. Per esempio si stima che una casa tipica dello standard americano di 150 metri quadrati crei un'Impronta di quasi un ettaro e mezzo. Ovviamente, più numerose sono le persone che abitano in quella casa e minore sarà l'Impronta pro capite.

Beni di consumo Mobili, apparecchiature, vestiario, calzature e altri "beni di consumo" partecipano in modo significativo alla formazione dell'Impronta Ecologica. Per esempio, un paio di scarpe di cuoio crea un'Impronta di 300 metri quadrati, una lavatrice di circa 2500.

Servizi Fare una telefonata, stipulare un'assicurazione e altri usi di servizi pubblici o privati sono tutte attività che comportano consumi di energia e di materiali e, di conseguenza, la partecipazione alla formazione dell'Impronta Ecologica. Per esempio, si stima che la spesa di 50 euro in servizi telefonici comporti un'Impronta di circa 200 metri quadrati.

2. L'Evoluzione dell'Impronta Ecologica

Le due carte mostrano l'evoluzione mondiale dell'Impronta Ecologica rispetto alla superficie produttiva disponibile.

a. Come è cambiato lo scenario dal 1961 al 2005?

....

....

....

....

....

....

b. Quali sono le zone più critiche? Per quali motivi?

....

....

....

....

....

....

....

PAESI DEBITORI E CREDITORI ECOLOGICI (1961 e 2005)

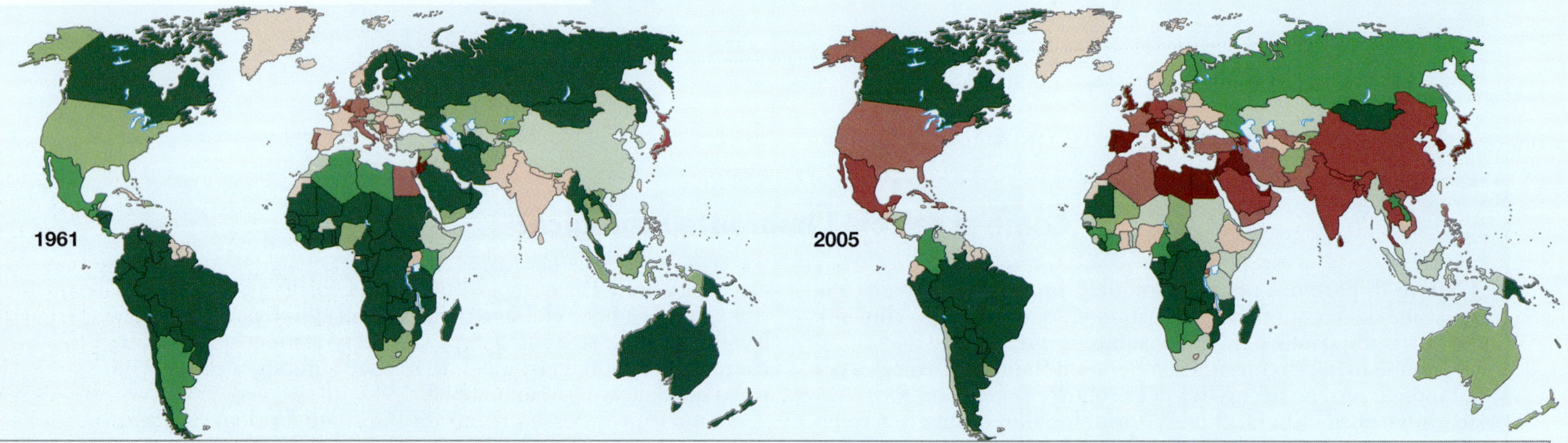

Eco-debito: Impronta confrontata con la biocapacità Maggiore di oltre il 150% | Maggiore del 100-150% | Maggiore del 50-100% | Maggiore dello 0-50%

Eco-credito: Biocapacità confrontata con l'Impronta Maggiore dello 0-50% | Maggiore del 50-100% | Maggiore del 100-150% | Maggiore di oltre il 150% | Dati insufficienti

3. La protezione dell'ambiente

La tabella mostra alcuni dati relativi all'estensione delle aree protette nel mondo.

a. Utilizzando i dati sulla crescita delle aree protette nel mondo, costruisci altre tre tabelle (una per ogni anno) in cui riporti i Paesi in ordine decrescente. Quali osservazioni puoi fare?

....

....

....

....

b. Dopo aver ricavato ulteriori informazioni anche dal libro di testo e utilizzando i dati a tua disposizione, scrivi un breve articolo dal titolo *Foreste e biodiversità: un patrimonio di tutta l'umanità*.

CRESCITA DELLE AREE PROTETTE NEL MONDO DAL 1990 AL 2007 (dati in %)

	1990	2000	2007
Paesi sviluppati	10,3	12,8	14,5
Paesi in via di sviluppo	6,1	9,6	11,3
Africa settentrionale	2,1	3,1	3,4
Africa subsahariana	8,5	9,0	9,5
America Latina e Caraibi	7,3	14,4	18,8
Asia orientale	7,0	9,9	10,9
Asia meridionale	4,3	5,1	5,4
Asia sud-orientale	2,6	5,3	6,0
Asia occidentale	3,7	17,8	17,8
Oceania	0,4	0,9	7,1

Fonte: ONU, 2008

4. Il rischio di deforestazione
La tabella mostra alcuni dati relativi alle foreste nelle diverse regioni del pianeta.

LE FORESTE NEL MONDO

Regione	Superficie forestale, 2005 (1000 ha)	Variazione foreste 2000-05 (%)	Importazione di prodotti forestali, 2000 (1000$)	Importazione di prodotti forestali, 2006 (1000$)
Asia (escluso il Medio Oriente)	544 005	1,03	38 666 826	48 482 125
America Centrale e Caraibi	92 612	-2,5	4 052 923	6 045 551
Europa	1 001 393	0,03	68 496 050	9 7384 871
Medio Oriente e Nord Africa	36 562	2,09	5 880 025	9 454 317
America Settentrionale	613 227	0,01	30 036 137	3 6720 462
Oceania	206 245	-0,9	2 100 528	2 566 590
America Meridionale	831 540	-2,5	3 093 653	4 089 524
Africa subsahariana	626 412	-3,1	1 133 093	1 885 028

Fonte: World Resource Institute

a. Utilizzando i dati della tabella, costruisci un istogramma relativo alla superficie forestale del 2005; quali sono le regioni con la maggior superficie forestale?

....

....

b. Quali sono le aree a maggior rischio di deforestazione?

....

....

c. Utilizzando i dati della tabella, costruisci un areogramma che mostri le quote di importazione di legname nelle diverse regioni del mondo nel 2006.

d. Quali sono le regioni che importano più legname?

....

....

L'Amazzonia è una delle zone del mondo dove la deforestazione è più intensa.

e. Osserva i dati sulle importazioni di legname. Come è cambiata la situazione negli ultimi anni?

....

....

....

....

f. Analizza i dati relativi all'Europa. Che riflessioni si possono fare?

....

....

....

5. La disponibilità di acqua dolce

La tabella mostra le variazioni della disponibilità pro capite di acqua dolce nelle diverse aree del mondo.

DISPONIBILITÀ DI ACQUA DOLCE PRO CAPITE PER AREE GEOGRAFICHE (migliaia di metri cubi)				
Aree	**1950**	**1970**	**2000**	**2003**
Africa	20,6	12,7	5,1	4,6
Asia	9,6	6,1	3,3	3,0
America Settentrionale	37,2	25,2	17,5	19,3
America Centrale e Meridionale	105,0	61,7	28,3	26,7
Europa	25,1	4,9	4,1	9,1

a. Utilizza i dati della tabella per costruire due tabelle (una per il 1950 e una per il 2003) riportando in ordine decrescente le aree geografiche del mondo.

b. Qual è la regione che in assoluto ha visto ridursi maggiormente la disponibilità pro capite di acqua dolce?

....

c. Confronta i dati del diagramma (media mondiale) con quelli della tabella, riferiti alle aree geografiche. Che cosa puoi osservare?

....

....

....

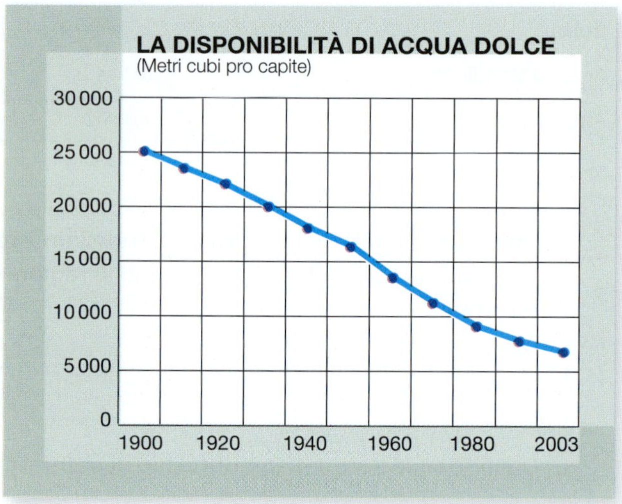

d. La ridotta disponibilità pro capite di acqua dolce dipende solo dalla crescita demografica?

....

6. La produzione di cibo

La tabella mostra l'evoluzione della produzione di cibo dal 1970 al 2005, in % rispetto al dato medio del periodo 1999-2001.

PRODUZIONE DI CIBO					
Regione	**1970**	**1980**	**1990**	**2000**	**2005**
America Centrale e Caraibi	41,2	56,1	71,6	99,5	117,1
Europa	62,9	76,7	82	100,1	101,4
America Settentrionale	55,8	72,9	83,1	101,7	106
Oceania	52,1	60,7	71,2	98,6	100,9
America Meridionale	38,3	52,9	69	99,4	119,2
Africa subsahariana	50,2	55	72,5	99,3	108,5

La produzione di cibo è uno dei fattori che determinano lo stato dell'ambiente e incide, quindi, sull'Impronta Ecologica di ogni Paese. L'aumento demografico, gli stili di vita e i consumi influenzano la domanda di cibo. La produzione e il consumo di risorse naturali per la produzione di cibo (e bevande) rappresentano una minaccia per gli ecosistemi. Agricoltura, allevamento, pesca trasformano l'ambiente, inquinano, diffondono specie invasive. Pertanto, la produzione di cibo è tra le cause primarie della perdita di biodiversità. Utilizzando i dati della tabella, prova a costruire un grafico che illustri l'evoluzione della produzione di cibo nelle diverse regioni del pianeta.

a. Osserva i dati della tabella e il grafico che hai costruito. Quali riflessioni puoi fare?

....

7. Gli indicatori ambientali in alcuni Paesi del mondo

La tabella mette in evidenza le relazioni fra indice di sviluppo umano, ammontare della popolazione e livello di emissioni di CO_2 in alcuni Paesi.

SVILUPPO UMANO, POPOLAZIONE ED EMISSIONI DI CO_2

Paese	Posizione graduatoria mondiale ISU	Popolazione (in milioni)	Emissione CO_2 (t/ab.)	Emissione totale CO_2 (milioni di t)
Norvegia	2	4,74	8	....
Australia	3	21,02	18,4	....
Canada	4	32,98	17	....
Svezia	6	9,18	5,6	....
Giappone	8	127,77	9,5	....
Paesi Bassi	9	16,40	11,2	....
Francia	10	61,71	6,2	....
Stati Uniti	12	301,62	19,6	....
Spagna	13	45,05	7,9	....
Regno Unito	16	60,80	8,8	....
Belgio	17	10,58	10,7	....
Italia	20	59,62	7,9	....
Germania	22	82,31	9,9	....
Grecia	24	11,17	8,6	....
Bulgaria	53	7,68	6	....
Arabia Saudita	61	24,56	13,8	....
Malaysia	63	27,17	5,5	....
Ucraina	76	46,11	6,3	....
Thailandia	78	65,69	3,3	....
Cina	81	1 314,48	3,9	....
Turchia	84	70,59	3	....
Tunisia	91	10,23	1,9	....
Indonesia	107	224,90	1,5	....
Egitto	112	70,03	2	....
India	128	1 131,04	1	....
Pakistan	136	160,09	0,8	....
Congo	139	3,62	0,2	....
Kenya	148	34,53	0,3	....
Senegal	156	11,34	0,4	....
Nigeria	158	13,47	0,4	....
Tanzania	159	39,95	0,1	....
Ruanda	161	9,14	0,06	....
Angola	162	16,42	0,5	....
Costa d'Avorio	166	20,23	0,3	....
Sierra Leone	177	5,36	0,2	....

Fonte: *Calendario Atlante De Agostini*, 2009

Una raffineria di petrolio ad Anacortes (Stato di Washington), una località sulla costa occidentale degli USA tra Seattle e Vancouver. Gli Stati Uniti sono fra i principali emettitori di CO_2.

a. Con i dati della tabella costruisci altre due tabelle: in una disponi i Paesi in ordine decrescente rispetto alle emissioni di CO_2 pro capite, nella seconda disponi i Paesi in ordine decrescente rispetto alle emissioni totali di CO_2 (dato da calcolare).

b. Confronta ora le due tabelle: che cosa noti? Quali sono i Paesi che emettono più CO_2? Perché?

....

....

....

....

....

....

c. Raggruppa i Paesi per valori simili di emissione di CO_2. Che cosa noti? Esiste una relazione tra livello di sviluppo umano e questo indicatore ambientale?

....

....

....

....

....

....

B Ambiente e società tra locale e globale

Uomo e ambiente: il territorio come relazione

Le popolazioni umane prelevano dalla Terra le risorse naturali che consentono loro la sopravvivenza e lo sviluppo. Gli scambi che si instaurano fra natura e società sono vari e complessi: l'uomo infatti ottiene dall'ambiente non solo materia ed energia, ma anche informazioni essenziali per la propria esistenza; a sua volta egli rilascia nell'ambiente materiali sotto forma di rifiuti e modifica il territorio per soddisfare i propri bisogni.

I diversi paesaggi che possiamo osservare intorno a noi sono il prodotto di queste relazioni tra uomo e ambiente. Le popolazioni che si sono succedute sulla Terra si sono messe in relazione con l'ambiente in modo diverso, secondo la loro economia, la loro organizzazione sociale e la loro cultura. Nello stesso spazio possono convivere popolazioni che hanno un rapporto con l'ambiente completamente diverso. In varie regioni dell'Africa, per esempio, le popolazioni nomadi, dedite prevalentemente all'allevamento, coesistono con quelle agricole stanziali: le prime si muovono in ampi spazi seguendo la ciclicità delle stagioni, le seconde alternano nei medesimi campi periodi in cui coltivano la terra a periodi di riposo finalizzati a rigenerare il terreno.

Quando questa interazione equilibrata fra popolazioni diverse viene meno, si possono avere conflitti per l'utilizzo delle terre e delle risorse o, come accade in alcune aree del pianeta, uno sfruttamento eccessivo dell'ambiente che mette in pericolo gli stessi ecosistemi.

L'analisi degli ecosistemi

Nell'ultimo secolo i progressi straordinari che gli studiosi hanno compiuto nella comprensione delle dinamiche e dei meccanismi che regolano in generale il funzionamento della biosfera hanno consentito di percepire e valutare in modo nuovo i rapporti fra uomo e ambiente e di prevedere con maggiore precisione quali effetti provocano gli interventi dell'uomo sulla natura.

In particolare, le scienze ambientali si focalizzano sull'analisi degli ecosistemi, i quali comprendono tutto ciò che è presente in un'area specifica: aria, suolo, acqua, esseri viventi e oggetti fisici, anche costruiti dall'uomo.

La parte vivente di un ecosistema è la comunità biologica. Sebbene gli uomini ne facciano parte a tutti gli effetti, è più comodo considerarli separatamente e indagare quali relazioni si formino tra il sistema sociale umano e il resto dell'ecosistema. Le ricerche compiute in questo campo rientrano nella disciplina dell'ecologia umana.

L'ecologia umana prende in considerazione le conseguenze che lo sfruttamento delle risorse ambientali comporta, considerando la catena di effetti e reazioni che ogni intervento umano provoca sull'ecosistema e sulla società.

Gli ecosistemi possono avere differente estensione, con maggiore o minore complessità organizzativa; un tratto di barriera corallina è un ecosistema, ma lo è anche una grande città e persino l'intera superficie terrestre.

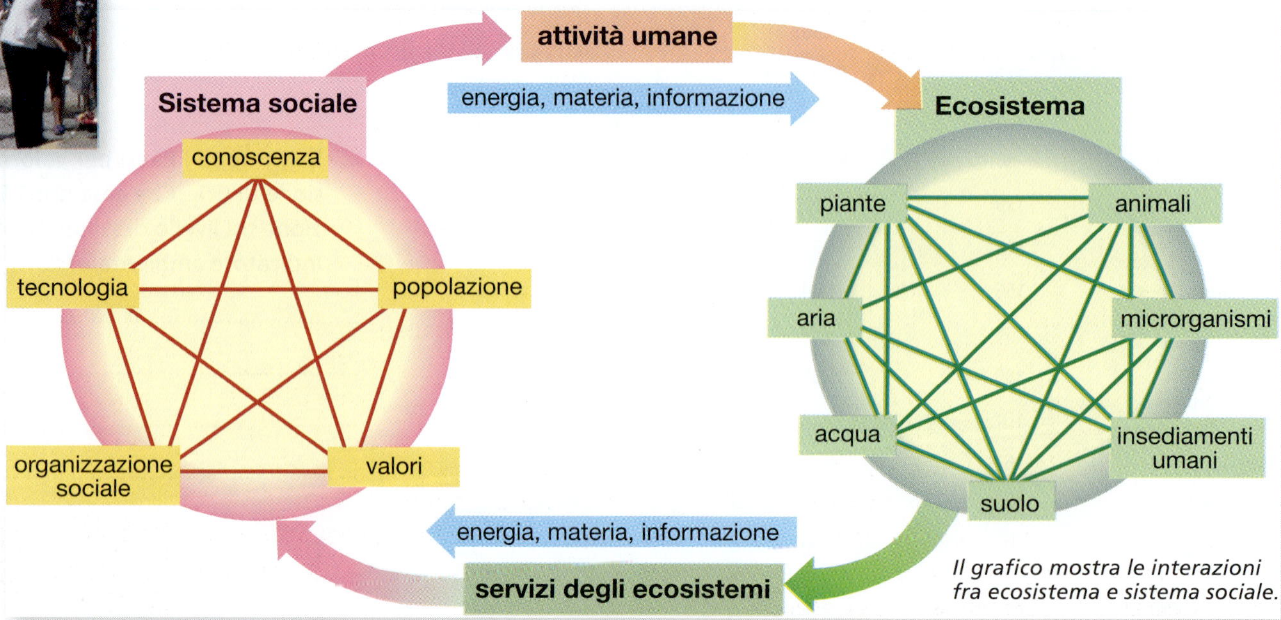

Il grafico mostra le interazioni fra ecosistema e sistema sociale.

Le forze che governano i cambiamenti nel rapporto uomo-ambiente

Per comprendere le relazioni esistenti all'interno di un ecosistema o della società umana, può essere utile fare riferimento alle cosiddette dinamiche di retroazione (in inglese feedback) che possono essere raggruppate in due categorie principali:

- il **feedback positivo**, la forza che genera cambiamento;
- il **feedback negativo**, la forza che tende a conservare una situazione esistente.

Il feedback positivo

Spesso negli ecosistemi o nella società i cambiamenti sono talmente macroscopici e avvengono in modo così rapido da stupirci.

Alcuni esseri viventi, se trovano sufficienti risorse alimentari e se hanno a disposizione spazi abbastanza grandi, possono moltiplicarsi e diffondersi in modo esponenziale in un ecosistema. Il giacinto d'acqua (*Eichornia creassipes*), per esempio, una pianta originaria dell'America meridionale, ha infestato il Lago Vittoria, in Africa orientale, fino a rendere difficile la navigazione e a soffocare la vita di numerose altre specie acquatiche.

Se proviamo a seguire lo sviluppo di questa pianta (*vedi tabella a pagina <?>18*) notiamo che se introduciamo un giacinto in un bacino d'acqua dolce di 10 chilometri di diametro, occorrono ben due anni affinché la pianta ne abbia infestato appena lo 0,2%. Ma, passati altri 6 mesi, il giacinto avrà già conquistato il 13% della superficie e forse solo allora gli abitanti sulle sponde lo noteranno. Ma basterà ancora qualche mese affinché la crescita della pianta ricopra tutto lo spazio.

Esempi simili sono conosciuti da molti popoli della Terra: in Africa, per esempio, le periodiche invasioni delle cavallette sembrano opporsi a ogni contromisura; in Australia, i conigli, introdotti da coloni occidentali a metà dell'Ottocento, hanno invaso l'intero continente provocando seri problemi all'agricoltura.

Il meccanismo che sta alla base di queste trasformazioni è il **feedback positivo**: l'aumento senza ostacoli di una popolazione dà origine a nuovi nati e a ulteriori nascite che ingigantiscono il numero di individui in una spirale senza controllo.

Non sempre un feedback positivo dà origine a un incremento; esso infatti può dare luogo anche a forti decrementi. Ciò avviene, per esempio, con le specie in pericolo di estinzione. Se in un territorio gli esemplari maschi di una specie animale non trovano femmine per la riproduzione, e viceversa, le nascite possono diminuire tanto da innescare una spirale negativa con la riduzione e la successiva scomparsa della popolazione esistente.

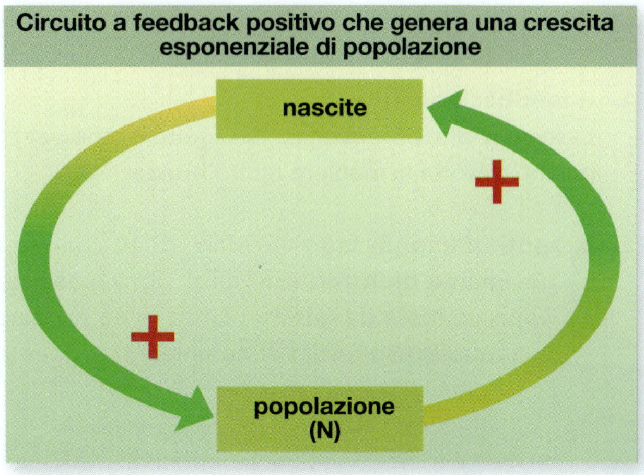

Il diagramma raffigura un esempio di feedback positivo.

Il feedback negativo

Il feedback negativo è una catena di effetti che si oppone al cambiamento. Nel corpo umano, per esempio, vi sono meccanismi naturali che controllano la temperatura: se essa supera i 37 °C i feedback negativi la riducono mediante la produzione di sudore e un maggiore afflusso di sangue nei capillari per favorire la perdita di calore.

L'equilibrio dei diversi feedback

Nella realtà i feedback di segno diverso interagiscono per creare un equilibrio dinamico.

All'interno di un ecosistema in equilibrio non vi sono cambiamenti significativi nel numero degli individui e nel consumo delle risorse. La consistenza della popolazione è regolata dalla capacità di carico dell'ambiente, cioè dalle risorse alimentari presenti.

In caso di ecosistemi semplici è facile individuare la capacità di carico del sistema; nel caso del pianeta Terra è più complesso, ma è indubbio che l'aumento dei consumi da parte della popolazione umana sta esercitando una pressione crescente nei confronti dell'ambiente.

La superficie del Lago Vittoria ricoperta dai giacinti d'acqua.

Domande e attività

1. Il feedback positivo

L'esercitazione proposta qui di seguito è utile per comprendere i motivi per i quali i problemi ambientali compaiono talvolta in maniera molto brusca.

a. Ipotizziamo un lago circolare di 10 chilometri di diametro inizialmente privo di giacinti d'acqua. Decidiamo di introdurne uno. Ogni giacinto occupa una superficie di 9,8 decimetri quadrati circa. Dopo un mese da questa pianta se ne formeranno due (la popolazione raddoppia quindi ogni mese). Con l'ausilio di questi dati, completa la seguente tabella.

Un villaggio di pescatori lungo le rive del Lago Vittoria, in Uganda.

CRESCITA DEI GIACINTI D'ACQUA

Mesi	Numero giacinti	Superficie occupata	% superficie lago
0	1	0,00981	0,000001
1	2	0,01963	0,000003
2	4	0,03925	0,000005
3	8	0,07850	0,000010
12	4 096	40,19200	0,005218
18	262 144	2 572,28800	0,333941
24	....	....	....

b. Quando, a tuo avviso, la popolazione della zona comincerà a percepire come "grave" il problema della crescita dei giacinti d'acqua? Con quali conseguenze?

....

....

....

2. L'equilibrio dei diversi feedback

Per i due esempi descritti qui di seguito, indica se sono regolati da feedback negativi, da feedback positivi o da entrambi.

Esempio 1 *Un commerciante ha preso in prestito una somma di denaro da una banca. Non potendo saldare il debito secondo le scadenze stabilite, si rivolge a un usuraio che gli presta denaro obbligandolo a versare alti interessi che si accumulano a quelli già attivi.*

Il feedback è di tipo .... perché ....

....

Esempio 2 *Un'azienda informatica mette in vendita a 350 euro al pezzo un software per la gestione delle paghe aziendali e aumenta il proprio fatturato del 10%. Le società di analisi di mercato prevedono che l'azienda in sei mesi aumenterà ancora i propri introiti, ma un concorrente presenta un software simile al primo, anche se più lento nel calcoli, a 280 euro al pezzo. La prima azienda nei sei mesi seguenti non aumenta le quote di mercato, anzi deve offrire sconti per favorire l'acquisto del proprio prodotto.*

Il feedback è di tipo .... perché ....

....

I processi di autorganizzazione

Come abbiamo visto nelle pagine precedenti, i **sistemi ecologici** sono sistemi **adattativi complessi**: adattativi perché la loro struttura a feedback li rende capaci di modificarsi anche rapidamente per facilitare la sopravvivenza dei viventi in un ambiente in costante mutamento; complessi perché sono costituiti da diverse componenti e dalle relative connessioni tra di esse.
Un aiuto per comprendere la complessità dell'interazione uomo-ambiente ci viene dalle cosiddette **proprietà emergenti**, ossia quegli elementi distintivi e quei comportamenti che caratterizzano gli ecosistemi. Le proprietà emergenti ci possono fornire le chiavi per evitare di innescare nuovi squilibri ambientali o per adottare scelte compatibili con le dinamiche naturali.

Benché le popolazioni e gli ecosistemi non siano organismi in senso stretto, alcune loro proprietà emergenti sono analoghe a quelle degli organismi in quanto possono essere descritte da termini come "crescita", "regolazione" e "sviluppo".

Autorganizzazione delle comunità biologiche

La comunità biologica di un certo luogo ha sempre una storia: è il frutto di modificazioni e adattamenti successivi indotti dall'arrivo di nuove specie viventi (animali, vegetali e microrganismi) o da modificazioni dell'habitat. Esistono tre condizioni essenziali perché una nuova popolazione possa sopravvivere aggiungendosi a quelle già presenti:

- deve essere adatta alle condizioni fisiche del sito;
- il sito deve offrire acqua e cibo sufficienti per consentire alla specie di crescere e riprodursi;
- la specie animale o vegetale deve essere in grado di difendersi dai predatori o dai parassiti.

Un animale erbivoro, per esempio, dovrà trovare vegetali a sufficienza per nutrirsi e difendersi efficacemente dai carnivori che lo considerano una preda. Ciascun elemento della comunità è dunque condizionato dagli altri e, dal punto di vista dell'ecologia, non può essere considerato autonomamente. Piante e animali sono interdipendenti e se si modifica la situazione trovano nuovi equilibri.

I cambiamenti nell'organizzazione della comunità possono avvenire per evoluzione delle specie. Nel caso in cui intervengano modificazioni anche notevoli in una comunità, si innescano meccanismi di feedback che promuovono rapidamente un nuovo equilibrio.

Autorganizzazione dei sistemi sociali

I sistemi sociali si autorganizzano secondo processi analoghi a quanto osservato per le comunità biologiche. I meccanismi di formazione degli ecosistemi e dei sistemi sociali sono infatti simili all'evoluzione biologica; ma, mentre questa è causata dalle mutazioni genetiche (che possono o meno superare il vaglio della selezione naturale) ed è quindi lenta, l'evoluzione culturale umana può essere molto più veloce in quanto le mutazioni culturali non sono casuali come le mutazioni genetiche, ma legate a nuove idee, a sviluppi della cultura. Alcuni cambiamenti fondamentali per la cultura dell'umanità, come la rivoluzione agricola o la rapida diffusione di Internet, hanno comportato ricadute notevoli sui sistemi sociali e richiesto cambiamenti imponenti nei rapporti economici e nell'organizzazione delle comunità umane.

I mutamenti nei sistemi naturali e nella società

All'interno sia degli ecosistemi sia dei sistemi sociali esistono forze che si oppongono al cambiamento (feedback negativi) e forze che lo promuovono (feedback positivi): il prevalere delle une o delle altre determina situazioni di lunga stagnazione o, viceversa, cambiamenti improvvisi.

Ogni sistema tende a una situazione di equilibrio e di stabilità, questo vale anche per il sistema sociale per il quale si parla di "stato" e di "dominio di stabilità". Lo stato di un sistema sociale è tutto ciò che riguarda una società in un determinato luogo e in un determinato momento: tra l'altro, la

La comunità biologica è organizzata come una complessa rete alimentare, che costituisce una proprietà emergente dell'ecosistema. Nella fotografia è rappresentato, in parte, un ciclo alimentare costituito dalle erbe (produttori primari), da un animale erbivoro (consumatore primario) e da un animale carnivoro (consumatore secondario).

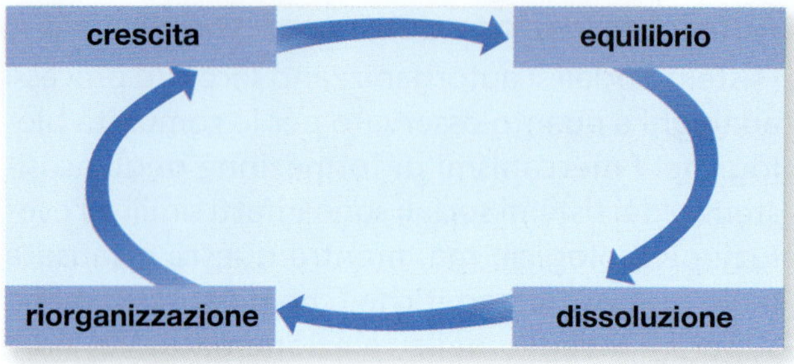

Crescita: *periodo in cui prevale un feedback positivo, si espande il numero dei componenti della comunità biologica e aumenta la complessità nelle relazioni.*

Equilibrio: *periodo di stabilità nel quale predomina il feedback negativo e il sistema rischia di diventare rigido, con il rigetto di qualsiasi innovazione.*

Dissoluzione: *il sistema viene distrutto da un disturbo esterno; ci si allontana dal dominio di stabilità.*

Riorganizzazione: *periodo in cui il sistema si ripristina, adottando nuovi modelli organizzativi.*

cultura, le conoscenze, la tecnologia, le percezioni, i valori, l'organizzazione sociale. Può accadere che i sistemi sociali sperimentino spostamenti da un dominio di stabilità a un altro: pensiamo, per esempio, ai radicali cambiamenti culturali e sociali avvenuti nei Paesi meno avanzati con la diffusione dell'economia globalizzata.

I cambiamenti all'interno degli ecosistemi e dei sistemi sociali possono avvenire in due modi:

- progressivo, in seguito a processi di formazione e autorganizzazione interni;
- improvviso, a causa di un disturbo esterno.

I cambiamenti progressivi e quelli improvvisi si combinano in un ciclo (vedi lo schema in alto).

Bagnanti in Amazzonia: una sorgente alimenta questa "piscina" che richiama la gente dei villaggi vicini.

Il coadattamento fra i sistemi sociali e le comunità biologiche

Esiste una fondamentale **interdipendenza fra sistemi biologici e sistemi sociali**. L'uomo possiede conoscenze e tecnologie capaci di piegare a proprio vantaggio le qualità di altri viventi. Quando viene adottata un'innovazione in campo tecnologico o culturale, vi sono quasi sempre riflessi sull'ambiente e sulle comunità biologiche che lo abitano. Tramite la domesticazione degli animali e i progressi dell'agricoltura l'uomo ha incrementato in modo straordinario le risorse alimentari rispetto a quanto avrebbero potuto fornire gli ambienti allo stato naturale. Come l'uomo si adatta all'ambiente imparando a usare le risorse, così le comunità biologiche rispondono alle trasformazioni dell'ambiente indotte dall'uomo. Si creano situazioni di **coadattamento**: gli animali addomesticati, per esempio, hanno cambiato nei millenni la struttura fisica e il comportamento. La maggior parte degli animali domestici può vivere soltanto in associazione alla specie umana, dalla quale riceve cure e alimenti e alla quale fornisce cibo e servizi.

Si può sinteticamente affermare che il rapporto uomo/ambiente è sostenibile quando il sistema sociale e l'ecosistema sono ben coadattati; ma quando questa interazione si fa insostenibile si assiste spesso a una migrazione umana che alleggerisce la pressione operata dall'uomo sulla natura.

Le migrazioni umane, che sono sempre un'inevitabile soluzione al problema della carenza alimentare, rappresentano però una strategia non sempre avveduta dal punto di vista ecologico, specialmente quando queste migrazioni si rivolgono verso territori ancora poco abitati in quanto dotati di una ridotta capacità di carico. Ne sono esempi i trasferimenti di milioni di contadini delle pianure asiatiche verso aree più montuose, come è avvenuto nelle Filippine e in Viet Nam (vedi il brano nella pagina a fianco) o la migrazione di milioni di brasiliani verso l'Amazzonia.

Domande e attività

1. Il coadattamento fra sistemi sociali ed ecosistemi: il caso del Viet Nam

Come abbiamo visto più volte nelle pagine precedenti, i sistemi sociali umani si adattano all'ambiente e gli ecosistemi si adattano ai sistemi sociali umani in un alternarsi di aggiustamenti reciproci.

Le società tradizionali ci offrono numerosi esempi che ben illustrano fenomeni di coadattamento fra sistemi sociali ed ecosistemi. Leggi il brano sul caso del Viet Nam e in seguito rispondi alle domande.

Viet Nam: un caso di coadattamento fra popolazione umana e zanzare

Circa cent'anni fa un gran numero di abitanti del Viet Nam si spostò dalle pianure verso le montagne, dove c'era bisogno di gente che lavorasse nelle piantagioni di caucciù e nelle miniere di stagno. Ma dopo il trasferimento molti morirono di malaria, malattia che in realtà non aveva mai rappresentato un grosso problema sanitario in Viet Nam. Trasmessa da zanzare delle regioni montuose (e non da quelle presenti in pianura), la malaria non minacciava gravemente le popolazioni indigene perché esse abitavano queste zone da generazioni. Mentre i vietnamiti abituati a vivere in pianura non riuscirono mai a trasferirsi con successo in montagna.

Il motivo della diversa vulnerabilità delle due popolazioni è culturale. I montanari costruiscono case sollevate da terra, tengono gli animali d'allevamento nella parte sottostante e cucinano in casa: le zanzare che volano in prossimità del terreno pungono preferibilmente gli animali e raramente penetrano nelle case perché allontanate dai fumi della cucina (*figura a*). Gli abitanti delle pianure invece fanno le proprie case direttamente a livello del terreno, tengono gli animali a distanza e cucinano all'aperto: le zanzare, non distratte dagli animali né allontanate dal fumo, hanno libero accesso alle case e alle persone (*figura b*).

I coloni che avevano adottato il sistema tradizionale delle pianure continuarono a riprodurlo anche quando si spostarono in montagna, diventando così facile preda degli insetti vettori della malaria. Il sistema di costruzione tipico delle pianure, adeguato alla vita in quelle regioni, mal si adattava all'ecosistema di montagna, dove gli indigeni si proteggevano dalla malaria senza neppure sapere dell'esistenza della malattia e degli insetti che la veicolavano.

A quel tempo, prima che venisse scoperto il ruolo delle zanzare nella trasmissione della malaria, ovunque nel mondo si pensava che il morbo fosse provocato da spiriti o da acque contaminate. Se agli abitanti delle zone di montagna avessero chiesto perché costruivano le loro abitazioni in quel particolare modo, essi avrebbero probabilmente risposto che era per tradizione. Quel sistema era frutto di secoli di evoluzione culturale che li aveva spinti a progettare le loro case in modo che rispondesse a tutte le necessità comprese quelle sanitarie.

Tratto da G. Marten, *Ecologia umana*, Edizioni Ambiente, Milano 2002

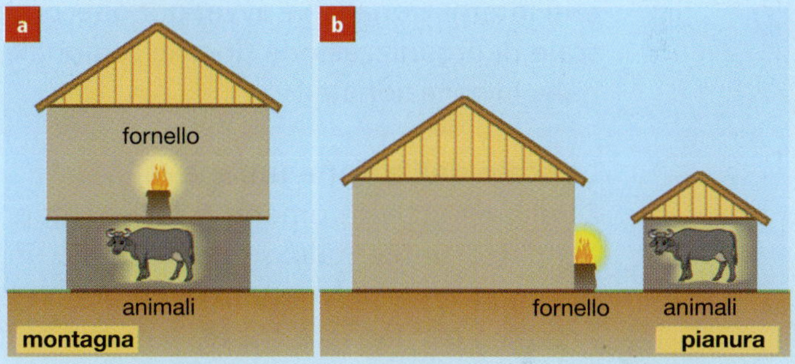

a. Quale motivazione provocò lo spostamento di popolazione dalle pianure alla montagna?

....

b. Quali caratteristiche aveva il sistema abitativo delle pianure?

....

....

c. Quali caratteristiche aveva il sistema abitativo delle montagne?

....

....

2. Grandi Pianure: un caso di coadattamento fra sistemi sociali ed ecosistemi

Osserva lo schema nella colonna a fianco, che possiamo considerare un esempio di coadattamento.

A CATENA ALIMENTARE DEI NATIVI AMERICANI NELLE GRANDI PIANURE

erbe perenni ······➤ bisonti ······➤ uomini

B CATENA ALIMENTARE DEGLI EUROPEI NELLE GRANDI PIANURE

colture annuali ······➤ uomini

a. Secondo te, quale modello di coadattamento hanno esportato i coloni europei?

....

b. Quali motivi hanno portato alla decimazione dei bisonti?

....

....

c. La sostituzione delle erbe perenni con le colture annuali ha aumentato l'erosione del suolo. Perché? (Aiutati con una ricerca sul clima della regione delle Grandi Pianure).

....

....

Ambiente e scale geografiche

Le trasformazioni che la popolazione umana è stata in grado di imprimere alla Terra preoccupano per ampiezza e portata: molti si chiedono se la natura possa sopportare ancora a lungo uno sfruttamento così intenso delle risorse e se sia ormai prossimo un loro esaurimento o degrado irreversibile.

Nelle pagine precedenti abbiamo individuato alcuni processi che regolano l'evoluzione degli ecosistemi. Nel caso di sistemi semplici e relativamente isolati è facile osservare e interpretare le dinamiche di trasformazione. Viceversa, se le aree da analizzare sono molto vaste e aperte a influenze esterne, aumentano le variabili e le relazioni da considerare sono numerosissime e rendono l'analisi più difficile. Oggi **le interazioni tra uomo e ambiente sono molto complesse** proprio perché coinvolgono numerosi soggetti diversi tra loro (popolazioni locali, associazioni, imprese, governi, enti internazionali...) e avvengono secondo molte scale di organizzazione (locale, regionale, nazionale, internazionale).

Le scale dell'azione umana

Di alcune attività umane è facile comprendere l'**impatto ambientale**: se per esempio un piccolo territorio viene deforestato per produrre legna da ardere o per lasciare spazio a nuove abitazioni, è possibile osservare immediatamente la perdita di vegetazione e dunque le conseguenze sull'ambiente.

In altri casi, però, la relazione è più complessa e **avviene a scale diverse**, coinvolgendo **territori lontani** anche migliaia di chilometri. Facciamo un esempio: secondo le stime dell'ITU (l'Agenzia delle Nazioni Unite che definisce gli standard nelle telecomunicazioni e nell'uso delle onde radio) alla fine del 2008 nel mondo erano in funzione 4 miliardi di telefoni cellulari. L'uso sempre crescente di questi apparecchi apparentemente non ha un grande impatto ambientale. In realtà, l'estrazione degli elementi (come il coltan) necessari al loro funzionamento avviene in zone del pianeta – soprattutto l'Africa centrale – che subiscono importanti danni ambientali; spesso gli utilizzatori dei telefonini sono ignari di tali conseguenze poiché non li riguardano direttamente e non vi è un'informazione diffusa a proposito. Inoltre, lo smaltimento dei telefoni cellulari può avere un impatto ambientale molto significativo anche in altre zone. I rifiuti tecnologici, infatti, vengono spesso trasferiti nei Paesi in via di sviluppo dove vengono smembrati e fusi in assenza di qualsiasi controllo, con grave pericolo per l'ambiente e per le persone coinvolte in queste attività.

Tutti i trasporti di materie prime e di prodotti finiti, infine, incidono sull'ambiente globale, contribuendo all'aumento dell'inquinamento atmosferico e alla produzione di gas responsabili dell'effetto serra.

Nei Paesi in via di sviluppo lo smaltimento dei rifiuti provenienti da quelli ricchi sta diventando un grave problema.

Rifiuti: un problema globale nascosto?

L'acronimo è RAEE, cioè rifiuti derivanti da apparecchiature elettriche ed elettroniche (*e-waste* o immondizia *high-tech*). Sono una tipologia di rifiuti particolarmente pericolosa anche per la velocità con la quale aumentano: 3-5% all'anno (tre volte di più dei rifiuti normali).

L'uso crescente di strumenti e dispositivi elettronici e la velocità di innovazione dell'industria *high-tech* hanno come conseguenza un'enorme produzione di rifiuti impegnativi da smaltire e riciclare.

Secondo il rapporto di Greenpeace *Toxic Tech: non nel nostro cortile* (2008), ogni anno nel mondo vengono prodotti 20-50 milioni di tonnellate di rifiuti tecnologici (e l'Italia, con 14 chili pro capite/anno, è il peggior Paese d'Europa in materia). In generale, solo una minima parte di questi rifiuti viene smaltita in maniera appropriata e rispettosa dell'ambiente, mentre circa il 75% intraprende vie per lo più sconosciute e illegali.

Le principali rotte sono verso l'Asia (India e Cina) e l'Africa dove intere regioni si stanno trasformando in discariche di computer, monitor, televisori, telefoni cellulari ecc. Viaggiano in container come beni di seconda mano, ma i RAEE sono bombe ambientali dagli effetti ritardati e letali. In India sono stati portati alla luce cantieri illeciti, le cosiddette "officine", nelle periferie urbane di Meerut, Firozabad, Chennai, Bangalore e Mumbai; in Cina il centro di disassemblaggio di questi rifiuti è la provincia del Guandong (sulla costa meridionale); in Nigeria i rifiuti giungono da USA, Europa, Giappone e Israele e Lagos è il principale centro di raccolta di materiale *high-tech* di seconda mano; in Ghana arrivano da Germania, Corea, Svizzera, Paesi Bassi, Italia.

Vengono trattati a mani nude: le varie parti immerse in bagni acidi per separare i metalli di valore (alluminio e rame, in particolare) che vengono poi rivenduti a 2 dollari ogni 5 chili; le coperture di plastica vengono bruciate per riportare a nudo il rame; la parte inutilizzabile – ma contenente piombo, cadmio e mercurio – viene buttata in discariche dove piombo e bario cominciano a percolare nei rigagnoli e poi nei corsi d'acqua insieme agli acidi, causando danni ambientali e sanitari incalcolabili.

COMPUTER, CELLULARI E TELEVISIONI: VENDITA GLOBALE NEL 2006 E PRODUZIONE DI RAEE NEL 2010 E 2016

Prodotti	Stima unità vendute nel 2006	Peso medio per unità (kg)	Vita media (anni)	Prodotti venduti nel 2006 in peso (tonnellate)	RAEE prodotti nel 2010 (tonnellate)	Stima RAEE prodotti nel 2016 (tonnellate)
Computer	229,4 milioni	25	7	5 735 000	4 193 382	7 843 364
Cellulari	1 miliardo	0,113	2	113 000	168 189	554 571
Televisioni	45,5 milioni	30	10	1 365 000	1 143 166	1 365 000
TOTALE	1 274,9 milioni	–	–	7 259 000	5 504 737	9 762 935

Fonte: *Toxic Tech: non nel nostro cortile*, Greenpeace, 2008

Interazione a scala locale: la desertificazione

Un esempio importante di **criticità nelle relazioni tra uomini e ambiente** a scala locale è rappresentato dal fenomeno della desertificazione, cioè il processo di **degrado delle terre nelle aree aride e semiaride** del pianeta. Non si tratta semplicemente dell'avanzata naturale dei deserti – che viene definita desertizzazione – ma di un fenomeno più vasto e più complesso che trova le sue cause in un insieme di elementi naturali e umani.

Al momento attuale la desertificazione, secondo le stime dell'ONU, colpisce un sesto della popolazione mondiale e il **70% delle terre asciutte del pianeta**. In Italia le regioni più a rischio sono Sardegna, Sicilia, Puglia, Basilicata e Calabria.

Nel 1994 è stata elaborata la Convenzione dell'ONU per la Lotta alla Desertificazione, alla quale hanno aderito 193 Stati impegnati alla tutela delle terre nelle regioni aride e semiaride, che promuove progetti di lotta al degrado dei suoli.

I resti di un'antica khettara nell'oasi di Hassi Labiad, nel sud-est del Marocco. Le khettara sono fitte reti di cunicoli drenanti che da millenni catturano e trasportano l'acqua delle falde freatiche.

Il Dust Bowl

Uno degli episodi più famosi di degrado dei suoli causato dall'uomo è quello che ha interessato negli anni Trenta del Novecento la pianura centrale degli Stati Uniti: dopo anni di sfruttamento agricolo eccessivo si è trasformata in una distesa di terra povera e secca che veniva sollevata dal vento, creando vere e proprie tempeste di sabbia; gli americani hanno soprannominato questo territorio Dust Bowl, *"catino di polvere".*

Il brano che segue, tratto dal romanzo Furore *(1939) scritto dal premio Nobel per la letteratura John Steinbeck, si riferisce proprio a questo episodio.*

Nella regione rossa e in parte della regione grigia dell'Oklahoma le ultime piogge erano state benigne, e non avevano lasciato profonde incisioni sulla faccia della terra, già tutta solcata di cicatrici. Gli aratri avevano cancellato le superficiali impronte dei rivoletti di scolo. Le ultime piogge avevano fatto rialzare la testa al granturco e stabilito colonie d'erbacce e d'ortiche sulle prode dei fossi, così che il grigio e il rosso cupo cominciavano a scomparire sotto una coltre verdeggiante. Agli ultimi di maggio il cielo impallidì e perdette le nuvole che aveva ospitate per così lungo tempo al principio della primavera. Il sole prese a picchiare e continuò di giorno in giorno a picchiar sempre più sodo sul giovane granturco finché vide ingiallire gli orli d'ogni singola baionetta verde. [...]

Nei solchetti scavati dall'acqua la terra si sgretolò in rigagnoli di polvere minuta, tosto percorsi da innumerevoli processioni di formiche e formicoli. E sotto le sferzate ogni giorno più crudeli del sole le foglie del giovane granturco perdevano la loro baldanza e la loro durezza; s'inchinavano, dapprima, e poi, man mano, che s'infiacchiva la loro colonna vertebrale, si prostravano. E venne giugno, e il sole diventò selvaggio[...]. L'aria era afosa e il cielo più pallido e di giorno in giorno la terra incrudiva. Sulle strade, mulinate dalle ruote dei carri e trebbiate dai ferri dei cavalli, la crosta della massicciata andò in frantumi e in polvere. Le minime cose animate sollevavano questa polvere per aria: gli uomini camminando sollevavano nuvolette che s'alzavano fino alla loro cintola; i carri, nuvole più dense che raggiungevano le cime delle siepi; le automobili, nuvoloni che oscuravano il sole. E a tutta questa polvere occorreva molto tempo per ricadere e posarsi. [...]

Passò un giorno e il vento aumentò d'intensità e di costanza. La polvere s'alzò dalle strade e coprì le ortiche dei fossi e si spinse anche addentro i campi di granturco. Il vento si fece impetuoso e s'accanì nel rodere la crosta lasciata dall'acqua nei campi. A poco a poco il cielo s'oscurò, per i turbini di polvere che il vento sprigionava dalla terra e trascinava via. [...] La polvere impalpabile non ricadeva ormai più sulla terra, ora, ma si disperdeva nell'oscurità del cielo. Il vento si fece ancor più impetuoso e guizzando di tra le pietre sollevava con violenza paglia e foglie morte e piccole zolle di terra, lasciando tracce al suo passaggio, al pari di una nave tra i flutti. [...]

Uomini e donne stavano tappati in casa, e quando dovevano uscire s'annodavano una pezzuola davanti alla faccia per filtrare la polvere e portavano occhiali da automobilista per proteggersi gli occhi. La notte fu nera come l'inchiostro, perché le stelle non potevano penetrare attraverso la polvere per raggiungere la terra, e le luci accese nell'interno delle case non arrivavano nemmeno sull'aia. Ora l'aria e la polvere erano mescolate assieme in parti uguali. [...] A metà della notte il vento s'allontanò e lasciò il Paese in pace, perché l'aria densa di polvere smorzava ancor più della nebbia ogni rumore d'intorno. Le creature umane, coricate nei loro letti, udirono che il vento era caduto: fu il cessare del vento a destarle. Ma non s'alzarono, continuarono a giacere immobili tendendo l'orecchio al silenzio. [...] Sapevano che occorreva molto tempo alla polvere per ridiscendere a terra e lasciare pura l'aria. Difatti, venuto il mattino, la polvere restava sospesa come nebbia, e il sole era di sangue. Per tutta la giornata e così per tutto il giorno seguente piovve polvere, ricoprendo in modo eguale tutta la terra. [...] Gli esseri umani uscirono dalle case e annusarono l'aria pungente e calda proteggendosi le nari contro la polvere. [...] Gli uomini s'appoggiarono con i gomiti sulle staccionate e osservarono il granturco rovinato, quasi secco ormai, con solo qualche strisciolina di verde sotto la pellicola di polvere. Gli uomini non parlavano, e si muovevano appena. E le donne uscirono di casa e vennero a mettersi vicino ai loro uomini per sapere se era questa la volta che i loro uomini si sarebbero dati per vinti. [...] Dopo un poco, i visi degli uomini perdettero la loro stupefatta perplessità ma acquistarono un'espressione dura, collerica, ostile. Allora le donne capirono che erano salvi, che gli uomini non si davano per vinti, allora ardirono domandare: «Cosa facciamo?» e gli uomini risposero: «Chi lo sa» ma le donne capirono che erano salvi, e i piccoli capirono che erano salvi.

Il degrado delle terre asciutte

Ma come avviene il degrado del suolo? Il fenomeno si presenta in modo diverso a seconda dei contesti, ma i principali meccanismi attraverso i quali si manifesta sono due: l'**erosione** e l'**impoverimento chimico**.

L'erosione è un processo fisico per il quale vengono progressivamente asportate dagli agenti atmosferici le parti produttive del suolo. Il vento può sollevare e asportare gli strati superficiali, le piogge improvvise e violente invece rompono i suoli secchi e trasportano verso valle importanti quantità di terra.

L'impoverimento chimico d'altra parte si manifesta come una trasformazione della composizione del suolo, con una perdita degli elementi chimici utili alle coltivazioni ed è tipico delle aree eccessivamente sfruttate.

Questi fenomeni raramente hanno un'unica origine e di norma nascono dall'interazione di elementi naturali (condizioni dei suoli e del clima) e fattori di origine umana (pressione demografica, modalità di utilizzo dei suoli).

Una delle aree in cui il fenomeno è più evidente e preoccupante è quella del Sahel, la fascia a Sud del deserto del Sahara, in Africa. In questa regione sono stati avviati numerosi progetti che hanno coinvolto singoli villaggi o intere regioni, volti soprattutto a promuovere un uso sostenibile delle risorse naturali (vedi *Lotta alla desertificazione in Burkina Faso* a pagina 26).

Questi progetti hanno promosso varie tipologie di intervento, tra cui, per esempio, le attività di riforestazione (la vegetazione è molto importante per conservare l'equilibrio dei suoli perché mantiene l'umidità e contrasta i processi erosivi) e il recupero di pratiche di coltivazione tradizionali che erano andate perdute con l'intensificazione e la meccanizzazione dell'agricoltura.

Il Sahel nei dintorni di Bandiagara (Mali). Nel Sahel i suoli sono abbastanza poveri di materia organica e le condizioni climatiche sono piuttosto difficili: temperature molto alte e precipitazioni limitate che si concentrano in pochi mesi dell'anno.

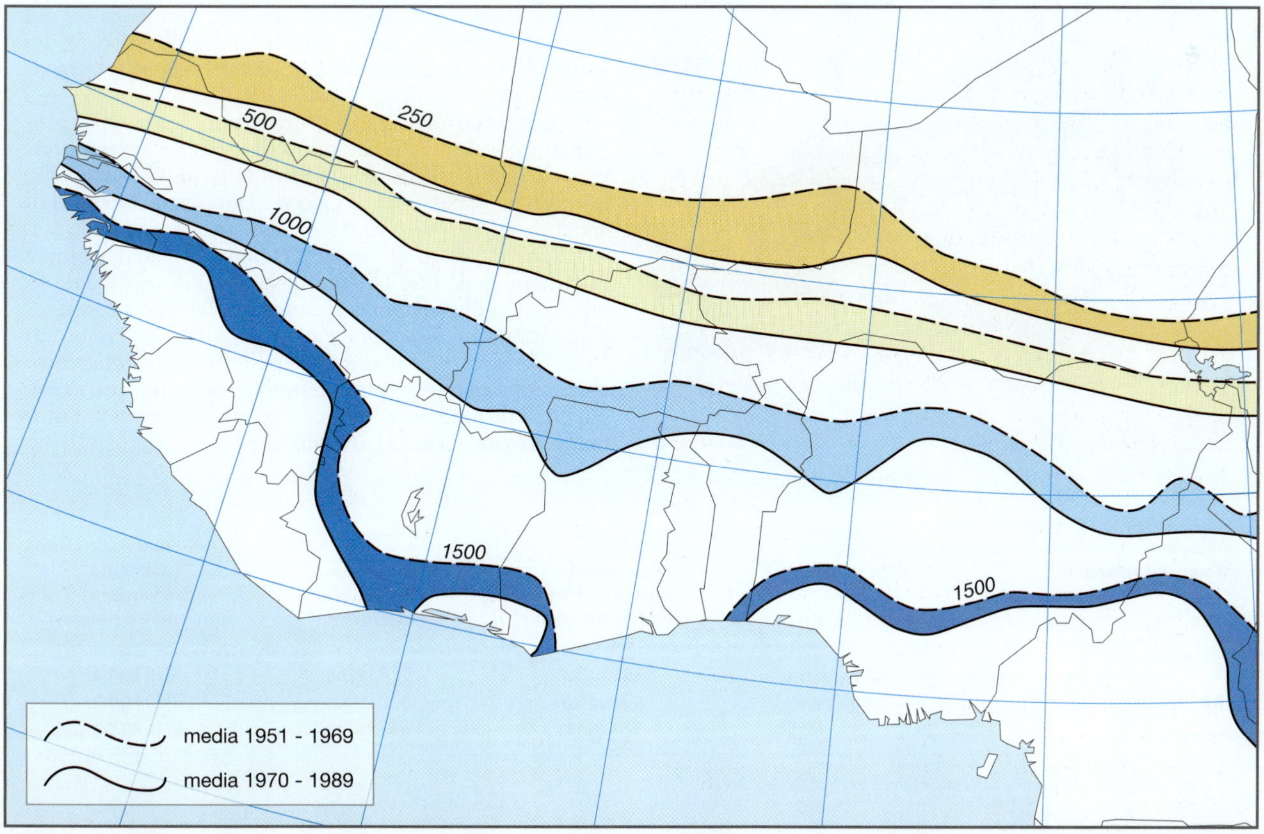

La carta mostra le isoiete (linee che congiungono tutti i punti della superficie terrestre caratterizzati da uguale piovosità in un certo periodo) relative ai periodi 1951-1969 e 1970-1989 in Africa occidentale. Nel corso dei decenni si è verificato un progressivo ampliamento dell'area interessata da scarse precipitazioni e quindi a maggior rischio desertificazione.

Lotta alla desertificazione in Burkina Faso

Il Burkina Faso è uno dei Paesi in cui il problema della desertificazione si manifesta in modo più grave, mettendo a rischio l'agricoltura locale e con essa la possibilità di garantire la sicurezza alimentare delle popolazioni rurali.

Dal 1987 l'organizzazione non governativa Mani Tese sostiene progetti di lotta alla desertificazione in Burkina Faso, in collaborazione con associazioni contadine locali e con il sostegno di donatori pubblici (Unione Europea, Ministero degli Affari Esteri italiano) e privati.

I progetti di lotta alla desertificazione promossi da Mani Tese si fondano sostanzialmente su due assi principali: la **tutela dei suoli** e la **gestione sostenibile della vegetazione**.

Il degrado dei suoli viene contrastato attraverso la diffusione delle barriere antierosive, una tecnica di origine tradizionale ripresa grazie all'attività congiunta di organizzazioni locali (i gruppi *naam* in particolare) e di alcune organizzazioni non governative africane ed europee. Le barriera antierosive sono piccole costruzioni in terra o in pietra, alte 20-30 cm, che ostacolano l'erosione dei suoli causata dalle violente piogge; esse, infatti, rallentano il ruscellamento superficiale delle acque piovane, favorendone invece l'infiltrazione nei terreni e migliorando così le rese agricole. Grazie alla loro azione, le barriere antierosive costituiscono oggi una delle strategie di maggiore successo per quanto concerne la lotta alla desertificazione in questa area.

Battitura del miglio in Burkina Faso.

Nei progetti di lotta alla desertificazione le barriere antierosive sono frequentemente accompagnate dalla realizzazione di **fosse di compostaggio** che servono a contrastare la perdita di sostanza organica nei suoli. Il procedimento prevede l'accumulo prolungato di rifiuti organici all'interno di una fossa – dove vengono fatti fermentare – e il successivo spargimento del compost così ottenuto sui campi più prossimi alle abitazioni. I buoni risultati raggiunti (vedi tabella), accanto alla facilità di realizzazione, hanno permesso anche a questa tecnica di diffondersi rapidamente in tutto il Paese.

La lotta alla desertificazione, tuttavia, non può prescindere da una **gestione sostenibile della vegetazione**, essendo quest'ultima in grado di contrastare l'erosione dei suoli, fornire alla terra materiale organico e permettere ai contadini di disporre di risorse alimentari fondamentali. Il patrimonio vegetale è infatti minacciato da un uso sempre più intenso, soprattutto nelle aree prossime alle città, della legna per usi domestici: nel corso di pochi decenni, la vegetazione in Burkina Faso si è ridotta in modo molto significativo e si sono resi necessari numerosi interventi di riforestazione.

Nell'ambito dei progetti promossi da Mani Tese sono state portate avanti **iniziative di rimboschimento collettive e individuali**: le prime coinvolgono interi villaggi e permettono un maggiore impatto sulla vegetazione locale, ma sono più difficili da realizzare e da conservare nel tempo; le seconde, pur avendo un impatto minore, sono più puntuali e permettono a ogni famiglia di disporre dei frutti delle piante, garantendo così una maggiore cura alla nuova vegetazione.

Accanto alle iniziative di riforestazione i progetti si propongono di **ridurre il consumo di legna** da ardere attraverso la diffusione di piccoli forni in terra o cemento che limitino la dispersione di calore e dunque il consumo di legna.

Il successo di questi progetti è dato non solo dall'ampia diffusione delle pratiche qui descritte, ma anche dai miglioramenti che vengono apportati dalle associazioni locali: i contadini *burkinabè*, per esempio, hanno riscontrato che attraverso l'integrazione delle barriere antierosive con alcune piante locali, i manufatti sono più resistenti, più facili da mantenere e possono produrre elementi utili per le attività agricole e domestiche.

IL RUOLO DELLE BARRIERE ANTIEROSIVE

Nome del villaggio	Tipo di coltura	Rendimento senza tecniche di tutela dei suoli	Rendimento con barriere antierosive	Rendimento con barriere antierosive e compost
BASSEKO	Sorgo bianco*	345 kg/ha	770 kg/ha	1970 kg/ha
	Sorgo bianco*	430 kg/ha	830 kg/ha	2040 kg/ha
	Miglio	520 kg/ha	845 kg/ha	1710 kg/ha

* Il dato si riferisce a due campi differenti, coltivati con il medesimo cereale.

Domande e attività

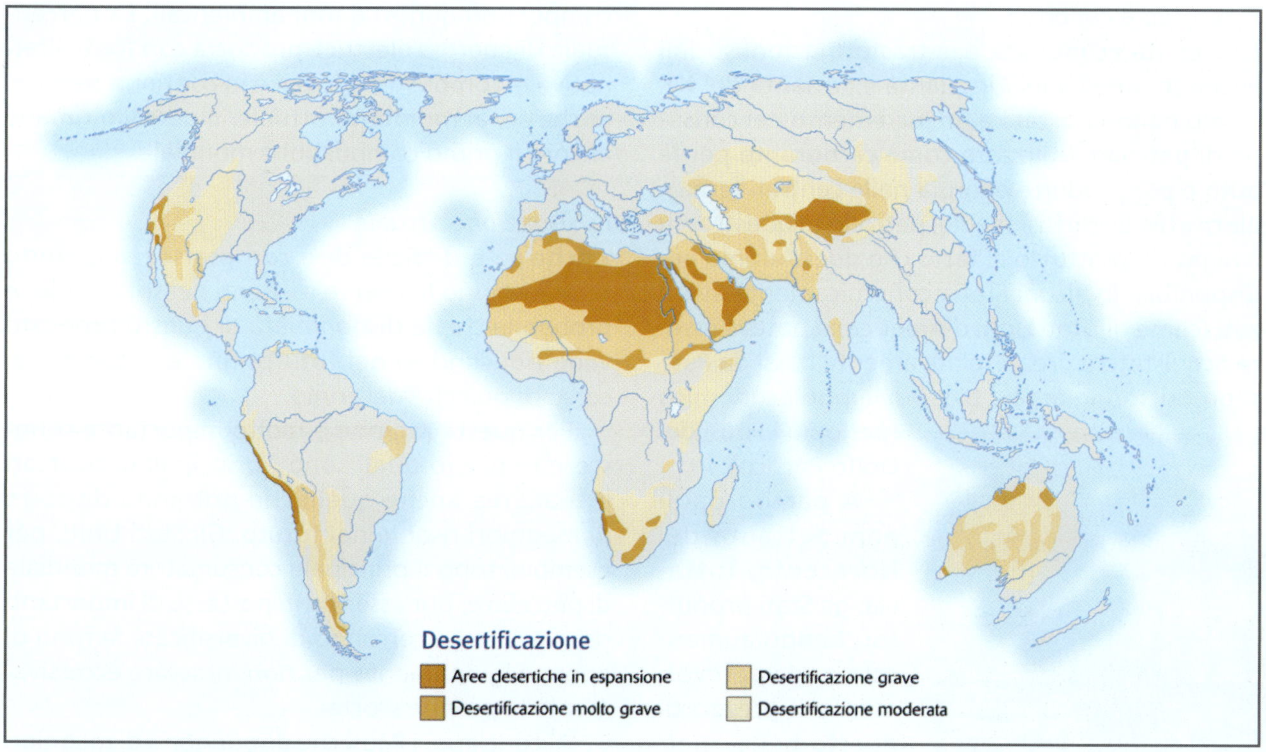

1. La desertificazione

a. Osserva la mappa delle zone a rischio di desertificazione. Quali sono le aree maggiormente in pericolo?

....

b. Sono aree a basso o ad alto sviluppo economico?

....

c. Quali sono secondo te le cause prevalenti nelle diverse aree?

....

....

2. Il risanamento ambientale

Leggi la scheda intitolata *Lotta alla desertificazione in Burkina Faso* nella pagina a fianco e poi rispondi alle seguenti domande.

a. Quali sono le tecniche di lotta alla desertificazione promosse da Mani Tese in Burkina Faso?

....

....

b. Perché possiamo considerare importante il recupero e la valorizzazione di tecniche già esistenti in loco?

....

....

c. Quali possono essere gli ostacoli alla realizzazione di questi progetti?

....

....

Interazione a scala globale: geopolitica del petrolio

Il petrolio e l'energia

La crescita economica e le trasformazioni sociali avvenute negli anni Cinquanta e Sessanta del XX secolo hanno portato a un incremento nei consumi di petrolio, utilizzato come carburante per le auto e per produrre energia nelle centrali termoelettriche. La diffusione del petrolio in questi anni è legata soprattutto al fatto che quest'ultimo era disponibile in alcuni Stati economicamente avanzati (come gli Stati Uniti d'America) o poteva essere acquistato a prezzi relativamente bassi da Paesi produttori in aree a basso sviluppo economico (perlopiù i Paesi del Golfo Persico).

Inquinamento lungo il Mar Rosso, nei pressi dei pozzi petroliferi di El Bilaiym, nel Sinai.

A partire dagli anni Settanta del Novecento, tuttavia, gli Stati produttori hanno aumentato considerevolmente il prezzo di questo bene, mettendo in crisi le economie avanzate.

Nelle società occidentali è dunque emersa la consapevolezza dei problemi legati allo sfruttamento del petrolio: la sua relativa scarsità e i costi ambientali causati dal suo uso eccessivo.

Il petrolio e l'ambiente

La forte dipendenza dal petrolio da parte dell'economia globale costituisce uno dei più rilevanti problemi ambientali del mondo contemporaneo.

Nelle fasi di produzione, sia in terra che in mare aperto, i processi di estrazione producono scarti inquinanti e contaminano l'ambiente circostante. Durante le fasi di trasporto, il principale rischio è costituito dai possibili incidenti agli oleodotti o alle petroliere che trasportano il greggio in tutto il mondo. Il consumo di petrolio come combustibile per auto e per la produzione di energia elettrica ha infine un impatto ambientale molto rilevante in termini di inquinamento atmosferico e di produzione di anidride carbonica, uno dei principali gas responsabili dell'effetto serra.

Il problema dei danni ambientali del petrolio, accanto a quello del suo progressivo esaurimento, ha portato a riflettere sull'ipotesi di utilizzare altre fonti energetiche che siano rinnovabili e che comportino minori danni ambientali. La percentuale di energia elettrica prodotta con fonti alternative ai combustibili fossili è in continua crescita, anche se, al momento attuale, il petrolio rimane ancora il primo combustibile mondiale.

La situazione attuale

Anche se è difficile dire con esattezza quando termineranno le riserve esistenti nel sottosuolo, è probabile che la disponibilità di questo prodotto vada riducendosi nel futuro, fino a esaurirsi nel corso di qualche decennio.

Per questa ragione è molto importante conoscere non solo quali sono i principali produttori attuali, ma anche quelli che potranno disporre di maggiori riserve nel futuro. Gli Stati Uniti, per esempio, sono il principale consumatore mondiale di petrolio e, pur essendo in possesso di importanti riserve, stanno cercando di diversificare le fonti di approvvigionamento per non intaccare eccessivamente le proprie scorte.

Al contrario, i Paesi che dispongono di maggiori riserve accertate sono quelli dell'area mediorientale (Arabia Saudita, Iran, Iraq). Nonostante il progressivo esaurimento delle riserve petrolifere, la domanda di petrolio continua a crescere a livello mondiale, trainata dai consumi dei Paesi occidentali (Stati Uniti, Germania, Canada), ma anche, e sempre di più, da quelli di Paesi emergenti come la Cina, l'India e il Brasile.

Le guerre del petrolio

L'aumento dei consumi e l'incertezza sulle reali riserve esistenti hanno reso il petrolio una materia sempre più pregiata, portando il suo prezzo a subire periodiche impennate, come per esempio quella che si è verificata nel corso del 2008 e che ha portato a 147$ il costo di un barile (159 litri). La crisi economica iniziata alla fine del 2008 ha portato poi a una diminuzione della domanda di petrolio, facendone diminuire il prezzo, il cui andamento è dunque molto variabile.

Il controllo delle aree in cui si estrae il petrolio e, soprattutto di quelle nelle quali sono presenti le maggiori riserve, è un elemento strategico sempre più rilevante, che dà origine a tensioni e, talvolta, a veri e propri conflitti armati. È il caso dell'intera area mediorientale, quella nella quale le riserve sono più consistenti, che è segnata da decenni da conflitti latenti o attivi, così come accade anche in altre aree produttrici, come la Nigeria.

Nigeria: Ken Saro Wiwa e il petrolio

Scrittore e poeta nigeriano, Ken Saro Wiwa è stato anche e soprattutto un attivista non violento per la difesa dei diritti umani; la sua attività si è concentrata in particolare sulla tutela dei diritti degli Ogoni, un popolo di circa mezzo milione di persone che vive nell'area del delta del Niger, laddove il fiume più lungo dell'Africa occidentale (4160 km) si riversa nell'Oceano Atlantico.

Il delta è un'area umida di 70 000 ettari, dove si trovano alcune delle terre più fertili del pianeta, le più ricche riserve di petrolio di tutta l'Africa, ma anche, di conseguenza, i terreni più inquinati della regione. La corsa all'oro nero, iniziata nel 1956 con la scoperta del primo pozzo, ha contribuito ad accendere uno dei conflitti ambientali più sanguinari della nostra storia, giunto al suo culmine nei primi anni Novanta del Novecento. L'attenzione dei media occidentali era allora concentrata sulla guerra del Golfo prima (1990-1991) e su quella nell'ex Iugoslavia poi (1991-1995). Di ciò che stava accadendo nel delta nigeriano non si sapeva nulla. Le multinazionali del petrolio insieme al governo nigeriano di Sani Abacha erano allora impegnate sul fronte dell'estrazione dell'oro nero. Ken Saro Wiwa ha pagato con la vita l'impegno per la lotta contro i crimini commessi in nome dell'estrazione petrolifera. Le denunce e le manifestazioni di protesta hanno avuto inizio nel 1990, quando Saro Wiwa organizzò il MOSOP (*Movement for the Survival of the Ogoni People*). Nel 1994 fu imprigionato, messo in isolamento, torturato e, l'anno successivo, giustiziato insieme ad altri otto militanti del MOSOP dopo un processo considerato da più parti una farsa. Solo allora il mondo venne a conoscenza di quello che si stava consumando in Nigeria. Nel 2009, l'impresa petrolifera, accusata di essere stata responsabile della vicenda, ha deciso di pagare alle famiglie di Saro Wiwa e dei suoi compagni un risarcimento di 15,5 milioni di dollari, evitando così di comparire in un processo che certamente non le avrebbe fatto una pubblicità positiva.

Letture consigliate
Sonia Shah, *Oro nero*, Mondadori, Milano, 2005.
Ken Saro Wiwa, *Foresta di fiori*, Edizioni Socrates, Roma, 2004.

LA VERA PRIGIONE
di Ken Saro Wiwa

Non è il tetto che perde
Non sono nemmeno le zanzare che ronzano
Nella umida, misera cella.
Non è il rumore metallico della chiave
Mentre il secondino ti chiude dentro.
Non sono le meschine razioni
Insufficienti per uomo o bestia
Neanche il nulla del giorno
Che sprofonda nel vuoto della notte
Non è
Non è
Non è.
Sono le bugie che ti hanno martellato
Le orecchie per un'intera generazione
È il poliziotto che corre all'impazzata in un raptus
omicida
Mentre esegue a sangue freddo ordini sanguinari
In cambio di un misero pasto al giorno.
Il magistrato che scrive sul suo libro
La punizione, lei lo sa, è ingiusta
La decrepitezza morale
L'inettitudine mentale
Che concede alla dittatura una falsa legittimazione
La vigliaccheria travestita da obbedienza
In agguato nelle nostre anime denigrate
È la paura di calzoni inumiditi
Non osiamo eliminare la nostra urina
È questo
È questo
È questo
Amico mio, è questo che trasforma il nostro mondo
libero
In una cupa prigione.

Una marcia in ricordo di Ken Saro Wiwa a Port Harcourt, nel novembre 2005.

Domande e attività

1. Produttori e consumatori di petrolio

La tabella mostra i dati relativi ai principali Paesi produttori di petrolio.

I PRINCIPALI PAESI PRODUTTORI DI PETROLIO

	Produzione, 2008 (1000 barili/giorno)	Riserve, 2008 (anni)	Consumi, 2008 (1000 barili/giorno)
Arabia Saudita	10 846	66,5	2 224
Russia	9 886	21,8	2 797
USA	6 736	12,4	19 419
Iran	4 325	86,9	1 730
Cina	3 795	11,1	7 999
Canada	3 238	24,1	2 295
Messico	3 157	10,3	2 093
Emirati Arabi Uniti	2 980	89,7	467
Kuwait	2 784	99,6	300
Venezuela	2 566	>100	719
Norvegia	2 455	8,3	210
Iraq	2 423	>100	nd
Nigeria	2 179	45,6	nd
Algeria	1 993	16,7	311
Brasile	1 899	18,2	2 397
Totale	81 820	42	84 455

Fonte: British Petroleum, 2009

a. Con i dati della tabella costruisci tre areogrammi relativi alla produzione, al consumo e alle riserve di petrolio.

- Quali sono i Paesi nei quali si porrà con maggiore intensità il problema dell'approvvigionamento di petrolio?

....

....

....

....

- E quelli con le maggiori riserve?

....

....

....

....

- A partire da questi dati, discuti con i tuoi compagni il rapporto tra risorse energetiche e tensioni geopolitiche.

Il delta del fiume Niger è la principale area petrolifera dell'Africa centrale.

2. Il petrolio dell'Artico

In Nord America, in particolare nella provincia canadese dell'Alberta e in Alaska (USA), si sta giocando una nuova partita per la conquista dell'oro nero. L'estrazione del petrolio dalle sabbie bituminose o sotto la banchisa, oltre a compromettere gli equilibri di territori vulnerabili, è ancora più inquinante rispetto all'estrazione dai pozzi tradizionali.

Canada, il petrolio estratto dalla sabbia

È uno dei più grandi progetti industriali al mondo, ma non è molto noto: si tratta dell'estrazione di petrolio dalle sabbie bituminose dell'Alberta settentrionale (Canada). Non è cosa da poco, perché circa un milione di barili di greggio al giorno sono estratti da quelle sabbie e esportati verso gli Stati Uniti. Il progetto è triplicare la produzione nei prossimi 15 anni: e per farlo "i tre ingredienti chiave sono denaro, energia e acqua", leggiamo in un dispaccio dell'agenzia Ips (che ha dedicato tre lunghi servizi all'impatto ambientale dell'estrazione di petrolio dai giacimenti di sabbie bituminose del Canada).

L'acqua: il Canada è una terra di fiumi e laghi d'acqua dolce. Il fiume Athabasca per esempio è uno dei più lunghi fiumi non sbarrati da dighe del Nord America: nasce dai ghiacciai del Jasper National Park (nel centro del Canada), scorre per oltre 1500 chilometri attraverso la regione delle sabbie bituminose e va a finire in un lago a cui dà nome. Il punto è che per estrarre petrolio da quei milioni di tonnellate di sabbie bituminose servono milioni di litri d'acqua, che ovviamente vien presa dal fiume. La sabbia viene scavata, poi "pestata" e mescolata a un peso uguale di acqua bollente (40 gradi) con soda caustica, per farne una fanghiglia semiliquida; quindi viene pompata, spesso anche per parecchi chilometri, in impianti dove viene estratto il bitume. Qui bisogna aggiungere acqua ancora più calda, agitare l'impasto e "scremare" il bitume oleoso che si addensa. Il bitume è molto più spesso del petrolio tradizionale, quindi va mescolato con petrolio più leggero o separato chimicamente prima di essere portato (con oleodotti) ad altri impianti per trasformarlo in petrolio sintetico. È evidente che si tratta di un processo costoso, che richiede molta energia (per scaldare l'acqua e per lavorare i fanghi bituminosi) e molta acqua: per ogni metro cubo (un migliaio di litri) di petrolio prodotto in questo modo servono tra 2 e 4,5 metri cubi d'acqua. È questo, spiega Stephen Leahy sull'agenzia Ips (21 luglio, ipsnews.net), che sta distruggendo il fiume Athabasca. Per l'estrazione di quel bitume infatti le compagnie petrolifere hanno il permesso di estrarre 349 milioni di metri cubi di acqua all'anno per i prossimi 40 anni, e i progetti di espansione già autorizzati faranno aumentare l'estrazione d'acqua a 529 milioni di metri cubi all'anno [...] Il consumo d'acqua resta gigantesco e anche la quantità di residui fangosi contaminati, che devono essere seppelliti a grandi profondità. Resta una produzione costosissima: solo il prezzo ormai raggiunto dal petrolio e l'ossessione statunitense per l'autosufficienza energetica rendono interessanti le sabbie bituminose.

Tratto da P. Desai, *Canada, il petrolio estratto dalla sabbia*, in "Il Manifesto", 25 luglio 2006

Una distesa di sabbie bituminose in Canada.

a. Dopo aver letto il brano, rispondi alle seguenti domande.

- Quali sono i rischi ambientali più immediati connessi all'estrazione di petrolio in zona artica?

....
....
....
....
....
....

- Qual è il ruolo delle multinazionali del petrolio?

....
....
....
....
....
....

C L'ambiente visto da satellite

L'utilizzo delle immagini satellitari

La lettura delle immagini satellitari è uno strumento molto utile per l'analisi del territorio e delle interazioni tra l'uomo e l'ambiente. Tramite l'attenta osservazione delle immagini satellitari è infatti possibile non solo analizzare la realtà di un territorio e la situazione attuale (prendendo in esame, per esempio, la conformazione, gli elementi geografici e quelli umani, gli aspetti climatici ecc.), ma è anche possibile valutare quali sono stati gli interventi dell'uomo o quali cambiamenti sono avvenuti per cause naturali. In particolare, la lettura delle immagini satellitari è molto utile per confrontare immagini dello stesso luogo realizzate in periodi diversi, anche a distanza di molti anni: è così possibile, infatti, scoprire cambiamenti significativi nell'aspetto del territorio (vedi, per esempio, le immagini del lago Ciad e della regione di Almeria in Spagna presentate nelle pagine che seguono).

Su Internet numerosi siti forniscono immagini e dati sempre aggiornati su fenomeni come terremoti, incendi, eruzioni vulcaniche, inondazioni; uno di questi è il sito del Programma delle Nazioni Unite per l'Ambiente.

L'impatto dell'Atlante sull'opinione pubblica mondiale è reso più forte anche grazie a un accordo con il motore di ricerca Google che rende disponibili online i dati e le immagini dell'Atlante dell'UNEP, al sito http://na.unep.net/digital_atlas2/google.php

Il Programma delle Nazioni Unite per l'Ambiente (UNEP)

Il Programma delle Nazioni Unite per l'Ambiente (UNEP) ha pubblicato una ricerca sulle trasformazioni ambientali intitolata *Atlas of our changing Environment* all'interno della quale vengono messe a confronto immagini satellitari degli ultimi decenni con quelle attuali, permettendoci di osservare in modo molto chiaro i cambiamenti che interessano diverse aree del pianeta.

Le immagini pubblicate mostrano evoluzioni positive (come la riduzione dell'inquinamento atmosferico in alcune città della Romania), ma colpiscono soprattutto per gli aspetti preoccupanti che mettono in luce in molte regioni del pianeta dove la deforestazione si estende a macchia d'olio (Amazzonia brasiliana), il livello dei laghi si abbassa (il lago Ciad), le città si espandono a spese delle aree rurali, l'agricoltura intensiva sostituisce ambienti naturali.

Al momento della presentazione dell'Atlante, è stato sottolineato come sia importante comprendere che i fenomeni di trasformazione sono profondamente connessi con lo stile di vita e di consumo che viene condotto anche a migliaia di chilometri di distanza. Il crescente utilizzo di risorse, l'aumento della produzione di rifiuti, accanto ai consumi energetici che alimentano il cambiamento climatico sono infatti alla radice di trasformazioni che investono l'intero pianeta.

Le immagini più esplicative sono di origine satellitare, ma la ricerca è stata condotta integrando i dati telerilevati con immagini prodotte in loco, offrendo così un panorama più dettagliato delle dinamiche in atto.

La forza comunicativa di questo lavoro è data dalla comparazione di immagini di fonte analoga a distanza di anni o decenni: per la prima volta ci si può rendere facilmente conto della portata dei principali problemi ambientali non solo osservando dal satellite il territorio contemporaneo, ma mettendolo a confronto con il recente passato. Ciò che emerge, soprattutto, è il ritmo estremamente accelerato della trasformazione che in molti casi pare sfuggire al controllo umano.

Elaborando i dati raccolti dal satellite, la NASA ha prodotto questa immagine del Lago Powell: formatosi nel 1964 grazie alla costruzione della Diga di Glen Canyon, è uno dei più grandi bacini idrici dell'America settentrionale.

Che cos'è il telerilevamento?

Per telerilevamento si intende in generale l'attività di rilevazione di dati relativi alla superficie terrestre condotta dall'atmosfera o dallo spazio per mezzo di strumenti solitamente collocati su piattaforme aeree o spaziali.

Si possono distinguere due grandi categorie di strumenti di telerilevamento: quelli che rilevano dati e quelli che producono immagini.

L'osservazione della Terra (in inglese *Earth Observation*, EO) consiste nell'applicazione del telerilevamento satellitare e aereo al monitoraggio delle condizioni della superficie terrestre principalmente per applicazioni scientifiche e ambientali. Per ottenere un'analisi realmente affidabile è però necessario affiancare alla telemisura anche ulteriori misurazioni locali (validazione sul terreno). Quindi il telerilevamento costituisce un potente strumento complementare al monitoraggio tradizionale.

L'impiego delle immagini satellitari Il telerilevamento è una tecnica che esiste da decenni, ma che negli ultimi tempi sta acquisendo un'importanza crescente sia in ambito scientifico, sia nella vita quotidiana, soprattutto grazie ai molti siti Internet che permettono facilmente di fruire di immagini satellitari ad alta risoluzione.

I sistemi di telerilevamento sono stati inizialmente sviluppati per fini militari, per conoscere nel dettaglio i territori, le infrastrutture, le postazioni difensive e offensive di potenze straniere ritenute ostili.

I satelliti artificiali sono, però, largamente usati anche per scopi civili in diversi campi di ricerca. L'analisi dei dati telerilevati permette infatti una molteplicità di applicazioni: controllo e monitoraggio di fenomeni atmosferici; rappresentazioni topografiche e altimetriche; monitoraggio delle condizioni della vegetazione e delle fasi di crescita delle coltivazioni per fare previsioni sul rendimento dell'agricoltura; individuazione di rocce d'origine diversa, che riflettono in modo differente il calore consentendo di scoprire nuovi giacimenti minerari; realizzazione di una mappatura dettagliata di fenomeni catastrofici quali inondazioni e frane; misurazione di grandezze di interesse ambientale come la concentrazione di clorofilla nelle acque e quella di inquinanti nella bassa atmosfera o in mare (vedi, per esempio, l'immagine delle coste della Galizia qui a fianco).

Come analizzare un'immagine satellitare Per analizzare un'immagine satellitare è necessario, per prima cosa, localizzare la zona ripresa, leggendo il titolo dell'immagine. Si deve poi ricercarne l'orientamento e ricostruirne la scala con l'aiuto di una buona carta geografica.

Può essere inoltre utile risalire alla data in cui l'immagine è stata realizzata, per comprenderne l'aspetto complessivo. Se per esempio l'immagine è stata ripresa d'inverno vi potranno essere zone ricoperte dalla neve. Si possono poi ricavare varie informazioni sulle finalità della ripresa (controllo dell'ambiente, ricerca mineraria ecc.) e sul metodo di restituzione impiegato (colori "naturali", "falsi colori" oppure altro).

Ai fini di una buona lettura dell'immagine è necessario:

- creare una legenda, per spiegare quale codice di colori è stato utilizzato per rappresentare certe zone;
- distinguere sull'immagine gli elementi e gli spazi omogenei (città, campi, boschi, fiumi e acque interne, mari, ghiacci, rocce ecc.);
- infine, studiare la disposizione degli elementi principali, per capire come è organizzato il territorio (si può per esempio stabilire se le città sono raggruppate o sparse, se i campi coltivati prevalgono sulle aree boschive ecc.).

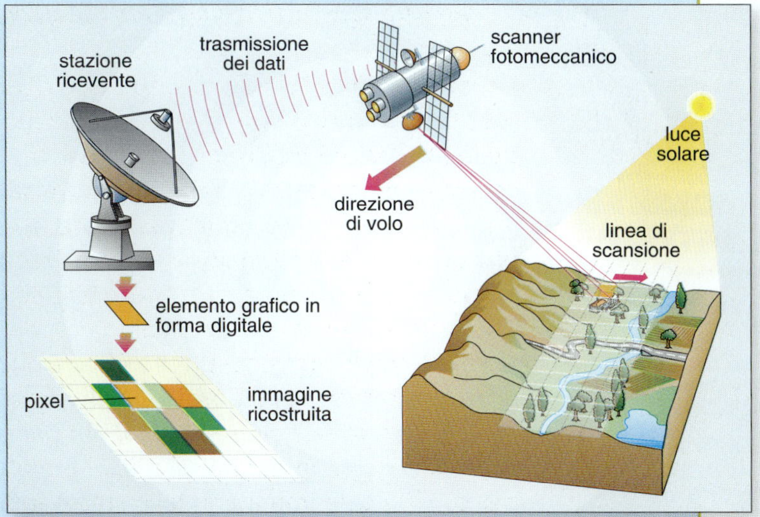

Lo schema illustra le varie fasi del telerilevamento satellitare.

Questa immagine radar multitemporale, ottenuta con i dati del satellite ERS-1 dell'ESA, ritrae un grande versamento di petrolio al largo delle coste della Galizia (Spagna), nei pressi di La Coruña, causato dalla petroliera Aegean Sea il 3 dicembre 1992. Poiché il petrolio ha un effetto bloccante sulle onde (in questo caso il versamento di petrolio sulle acque agitate), il riflesso del radar, che dipende dall'agitazione della superficie marina, risente di questo fenomeno. L'immagine multitemporale mostra la completa estensione dell'inquinamento marino il 13 dicembre 1992 (verde scuro) e quello che rimaneva ancora tre settimane più tardi, il 2 gennaio 1993 (verde chiaro); da notare che le due baie sulla destra del versamento non erano coperte dal satellite in quella data.

Caso di studio 1

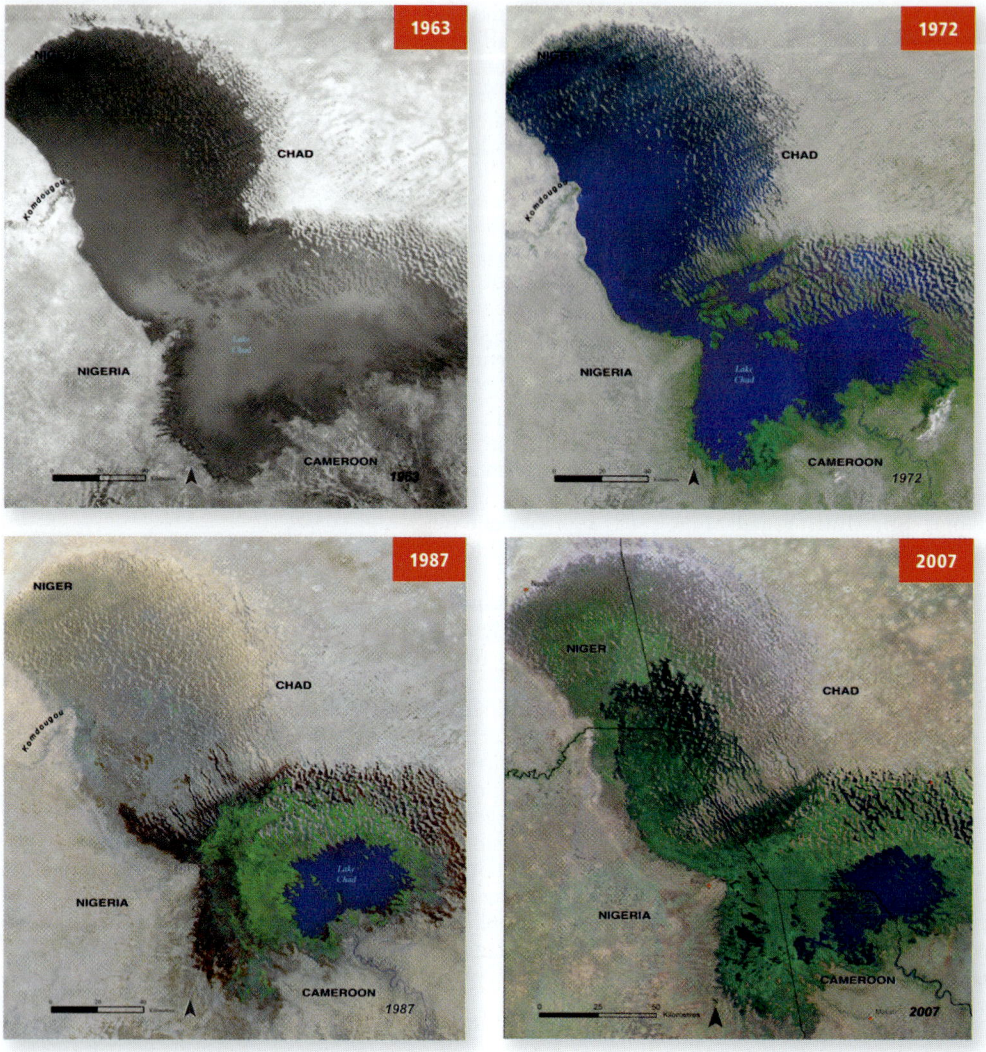

© UNEP/GRID

In queste immagini si possono osservare le trasformazioni territoriali che investono il lago Ciad, al confine tra Camerun, Nigeria, Niger e Ciad. Il lago, che non ha emissari, si sta rapidamente prosciugando a causa delle trasformazioni del clima e degli eccessivi prelievi di acqua a monte, destinati all'agricoltura commerciale e agli usi domestici di una popolazione crescente. Le due immagini del lago Ciad sono contenute nell'Atlante del Programma delle Nazioni Unite per l'Ambiente (UNEP) e sono diventate il simbolo di un uso insostenibile delle risorse naturali. Senza una radicale revisione delle strategie di sviluppo, il lago è destinato a scomparire nell'arco di pochi decenni.

Un caso analogo e altrettanto simbolico, in un'altra regione del pianeta è costituito dal lago Aral, tra Kazakistan e Uzbekistan.

1. **Ricerca sull'Atlante il bacino idrografico del lago Ciad. Quanti Stati coinvolge?**
2. **In quale periodo sono stati rilevati i cambiamenti maggiori?**
3. **Pensi che il fatto che il problema coinvolga molti Paesi costituisca un vantaggio o uno svantaggio? Perché?**

Caso di studio 2

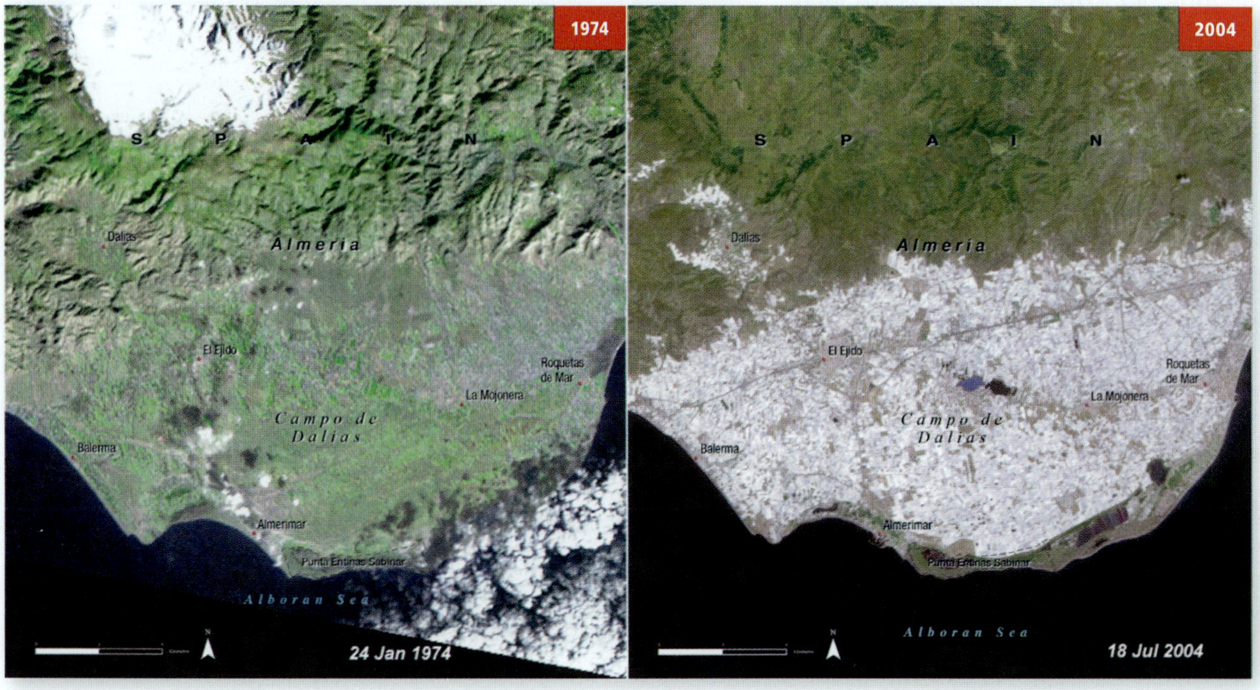

Le immagini riportate sono particolarmente significative: esse mostrano infatti l'impatto del rapido e intenso sviluppo agricolo nella provincia di Almeria (costa meridionale spagnola). L'immagine del 1974 riflette un paesaggio caratterizzato da un uso del suolo prevalentemente agricolo e rurale. Nell'immagine del 2004, gran parte di quello stesso territorio, di circa 20 000 ettari, è stato ricoperto di serre destinate a un'agricoltura intensiva per la produzione di mercato. I territori coperti da serre appaiono come frammenti di colore grigio chiaro. In pochi decenni la regione di Almeria, nonostante si trovi in un'area climatica piuttosto arida, si è così trasformata in uno dei principali centri europei di produzione di ortaggi, soprattutto pomodori. Per rispondere alla crescente domanda idrica, il governo spagnolo ha adottato nel 2001 il Piano Idrologico Nazionale che prevedeva la costruzione di 118 dighe e di 22 progetti di trasporto dell'acqua dalle zone del Paese ricche di risorse idriche alle zone più aride. Nel 2004, il governo ha espresso l'intenzione di esplorare tecnologie a risparmio idrico maggiormente sostenibili come il riciclaggio delle acque reflue e la desalinizzazione dell'acqua marina.

1. **Prova a formulare alcune ipotesi riguardo i cambiamenti avvenuti nel corso degli anni.**
2. **Quali conseguenze pensi che possa aver portato questo genere di cambiamenti nell'utilizzo del terreno?**
3. **Le condizioni di lavoro all'interno delle serre sono particolarmente critiche, in ragione delle alte temperature e della forte umidità. Cerca alcune informazioni sulla tipologia di lavoratori impegnati in questo tipo di attività.**

Caso di studio 3

Verso la fine del 2006, il Corno d'Africa è stato investito da intense precipitazioni. Tra fine novembre e inizio dicembre, a causa delle inondazioni, le peggiori che la Somalia abbia conosciuto negli ultimi dieci anni, circa mezzo milione di persone hanno dovuto abbandonare le loro case. La gravità delle inondazioni ha reso difficili gli interventi di soccorso. Le due immagini mostrano un segmento del fiume Giuba (Juba) prima (6 settembre 2006) e dopo (23 dicembre 2006) le piogge. Le zone inondate sono quelle in verde scuro-nero.

1. **Ricerca sull'Atlante l'area in questione e fai degli approfondimenti sui territori a monte e a valle.**
2. **Il bacino del fiume Giuba è uno dei più fertili della Somalia. Prova a ipotizzare le conseguenze di queste catastrofi sulle popolazioni somale già profondamente segnate da situazioni di povertà.**

Caso di studio 4

Le due immagini del 1973 e del 2003 si riferiscono a un'area al confine tra Argentina, Paraguay e Brasile, nella quale si trovano due elementi di particolare rilevanza: le cascate di Iguazú e, nell'immagine del 2003, il lago formato dalla diga di Itaipu.

1. **Quali sono le principali trasformazioni che puoi notare?**
2. **Fai una breve ricerca su questi due elementi territoriali, cercando di individuare quali criticità possono derivare dalle trasformazioni evidenziate dalle immagini.**

Domande e attività

1. Leggere un'immagine satellitare

Dopo aver osservato attentamente l'immagine satellitare della regione di Almeria (Spagna), rispondi alle domande.

a. A quali scopi può servire questa immagine satellitare?

....

....

b. Fai una breve ricerca per comprendere le cause dell'espansione delle aree coltivate ad Almeria.

....

....

....

c. Osserva i dati della popolazione spagnola attiva nel settore dell'agricoltura. Che riflessioni puoi fare confrontando i dati del 1975 con quelli del 2007 e le immagini?

SPAGNA – POPOLAZIONE ATTIVA IN AGRICOLTURA

	1975	2007
Popolazione attiva in agricoltura	2 798 600	873 300
Popolazione attiva in agricoltura (%)	22,1	4,3
Popolazione attiva totale	1 269 1900	2 0356 000

Fonte: ILO, 2009

....

....

....

2. Andare oltre le immagini satellitari

Dopo aver letto i diversi casi di studio presentati, in particolare il caso delle inondazioni nella Somalia meridionale, prova a fare delle ricerche sul concetto di "profugo ambientale" (o "eco-profugo").
Per un'introduzione al tema, puoi leggere il Dossier di Legambiente *Profughi ambientali. Cambiamento climatico e migrazioni dal dramma alla rivendicazione dei diritti,* che puoi trovare all'indirizzo Internet seguente:

www.legambiente.eu/documenti/2009/0727_profughiambientali/DossiersuProfughiAmbientali.pdf

a. Quali sono le implicazioni di questa problematica a livello globale?

....

....

b. Prova a ricercare su materiali a stampa e/o online articoli riguardanti altre catastrofi ambientali e a evidenziare i luoghi in cui si sono verificate su un planisfero. Quali riflessioni si possono fare sulla distribuzione dei fenomeni e sulle loro conseguenze?

....

....

Laboratorio 2
Gli squilibri economici internazionali

A Misurare gli squilibri

L'UNDP e lo sviluppo umano

Il Programma delle Nazioni Unite per lo Sviluppo (UNDP, United Nations Development Programme), istituito nel 1965, è l'organo dell'ONU che opera in tutto il mondo per promuovere lo sviluppo umano.

Nel 1988 le Nazioni Unite hanno proposto l'avvio di un **approccio globale allo sviluppo** per affrontare più efficacemente il problema degli squilibri fra Paesi ricchi e Paesi poveri. Secondo questo approccio globale, la valutazione del grado di sviluppo di una popolazione o di un Paese non può basarsi solo sul benessere materiale (ricchezza, disponibilità di cibo e di risorse ecc.), ma deve considerare anche la qualità della vita che dipende da fattori culturali, come la possibilità di istruzione, dal pieno godimento dei diritti civili e politici e dalla disponibilità di servizi per la persona, come l'assistenza sanitaria.

Per identificare in modo sintetico il grado di sviluppo globale di un Paese l'UNDP ha elaborato quindi alcuni indicatori: l'**Indice di Sviluppo Umano**, l'**Indice di Sviluppo di Genere** e la **Misura del Rafforzamento di Genere**. Ogni anno, dal 1991, l'UNDP pubblica l'*Human Development Report*, all'interno del quale viene fornito il quadro dello sviluppo umano nel mondo; ogni anno, inoltre, viene analizzato in maniera approfondita un tema specifico (nel 2009, per esempio, si è trattato del tema "Mobilità umana e sviluppo"). Il *Rapporto sullo Sviluppo Umano* è molto utile per effettuare confronti tra Paesi e regioni del mondo, poiché riporta le statistiche relative a numerosi indicatori ambientali, economici, demografici, sociali ecc.

Puoi scoprire che cosa fa l'UNDP sul sito www.undp.org (in inglese, francese e spagnolo); puoi scaricare il Rapporto sullo Sviluppo Umano nella sezione Reports.

A seguito degli impegni presi durante il Vertice del Millennio (2000), l'UNDP ha focalizzato la propria attività sugli otto Obiettivi di Sviluppo del Millennio. A più di dieci anni da quell'impegno, il bilancio presenta luci e ombre: se, infatti, in alcuni Paesi e in alcuni settori sono stati realizzati progressi importanti, nei Paesi più in difficoltà molto probabilmente gli obiettivi non saranno raggiunti – se non addirittura nemmeno avvicinati – entro i limiti di tempo stabiliti.

Nelle pagine seguenti troverai i principali indicatori che ci aiutano a misurare le disuguaglianze e a comprendere se e in che misura questi obiettivi siano raggiungibili. Degli indicatori ambientali (Obiettivo 7) abbiamo già parlato nel Laboratorio 1.

L'alfabetizzazione è un importante fattore di sviluppo umano.

I dati e gli indicatori

Per osservare, descrivere e interpretare molti fenomeni geografici è necessario utilizzare una serie di informazioni economiche e demografiche. Per analizzare una situazione e per documentare le proprie affermazioni è necessario avere a disposizione dati attendibili e verificabili, di cui si conosca la fonte.

I tipi di indicatori

Gli istituti di statistica, le organizzazioni sovranazionali e gli studiosi (come gli economisti e i geografi) hanno individuato i dati più importanti e li hanno organizzati in categorie facilmente consultabili e comprensibili (i cosiddetti "indicatori").

Oltre a quelli ambientali, gli indicatori di solito considerati sono di tre tipi:

1. **demografici** (per esempio: tasso di natalità e di mortalità, incremento naturale, incremento demografico, indice di fertilità, speranza di vita, mortalità infantile, popolazione urbana);
2. **sociali** (per esempio: tasso di analfabetismo, spesa per l'istruzione, medici ogni 1000 abitanti, disponibilità di calorie, accesso all'acqua potabile, spesa per la sanità);
3. **economici** (per esempio: PIL, PIL pro capite, addetti ai settori, tasso di disoccupazione, debito estero).

Chi raccoglie i dati

In molti Paesi la raccolta dei dati è affidata a organismi pubblici che garantiscono l'omogeneità e l'attendibilità delle informazioni.

In Italia, l'ente a cui è affidata la raccolta e l'elaborazione dei dati socio-economici relativi a tutto il Paese è l'ISTAT (Istituto Nazionale di Statistica) che opera mediante rilevazioni annuali e censimenti decennali. I dati europei sono elaborati dall'EUROSTAT, mentre a livello mondiale le più attendibili informazioni sociali, demografiche, ambientali ed economiche sono stilate dall'ONU e dalle sue Agenzie. Le principali pubblicazioni e gli annuari statistici di questi enti sono distribuiti tramite Internet.

Confrontare per capire

Per misurare gli squilibri tra le diverse parti del mondo è necessario operare confronti fra dati omogenei. Il metodo di lavoro che suggeriamo è proprio quello basato sul confronto come strumento di analisi: dalla lettura comparata di fonti diverse (tabelle, cartogrammi, immagini) possono scaturire le risposte ai quesiti via via posti.

Alcune indicazioni metodologiche

Dati e indicatori vengono proposti principalmente sotto forma di tabelle e grafici. Per utilizzare al meglio questi strumenti, ti suggeriamo alcune semplici indicazioni di metodo.

Per interpretare e commentare una tabella è sempre necessario conoscere il significato esatto della terminologia adottata (vedi pagine seguenti); si procede per prima cosa a osservare la tabella per farsi un'idea generale sui dati riportati e poi si fanno comparazioni orizzontali (per righe) o verticali (per colonne).

LA POPOLAZIONE DEL MONDO (2007)

Continente	Abitanti (milioni)	Densità (ab./km2)
Asia	3 992	89
Africa	929	31
Europa	709	68
America Settentrionale e Centrale	518	21
America Meridionale	374	21
Oceania	36	4
Mondo	6 558	43,6

Fonte: *Calendario Atlante De Agostini* 2009

Puoi trovare i dati dell'ISTAT sul sito www.istat.it quelli dell'EUROSTAT (in inglese) sul sito http://epp.eurostat.ec.europa.eu/portal/page/portal/eurostat/home e quelli dell'ONU sul sito www.un.org

Tra le attività proposte in questo quaderno di lavoro, vi è anche la costruzione di grafici per poi leggerli e commentarli. Per interpretare e commentare un grafico, procedi nella lettura scoprendo le tendenze del fenomeno preso in esame (per esempio se l'andamento è costante, se ci sono valori eccezionali, se si evidenzia una crescita o una diminuzione ecc.) ed, eventualmente, confrontando più grafici.

Attraverso la comparazione di due grafici si possono per esempio confrontare le realtà socio-economiche e demografiche di due Paesi. In questo caso i grafici visualizzano la speranza di vita della popolazione argentina (a sinistra) e di quella indiana (a destra), evidenziando le differenze tra femmine e maschi.

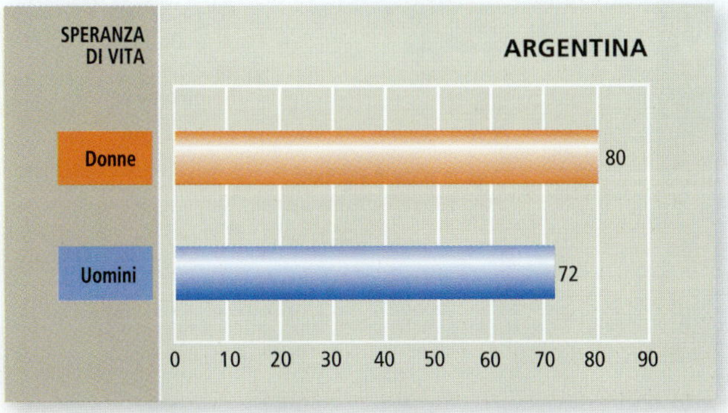

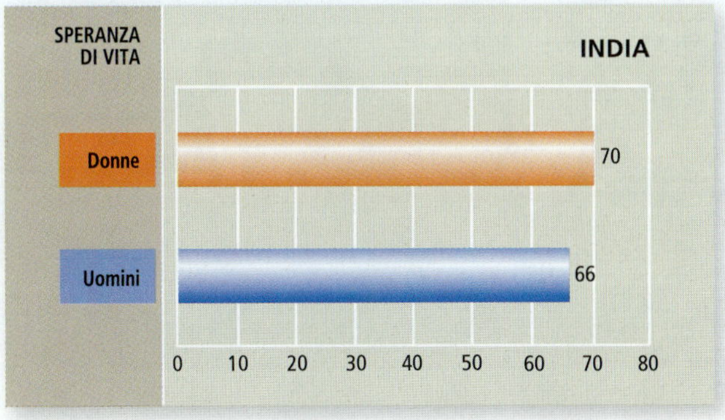

Gli indicatori dello sviluppo umano

In queste pagine vengono illustrati i principali indicatori che possiamo utilizzare per misurare lo sviluppo umano e le sue disparità nel mondo.

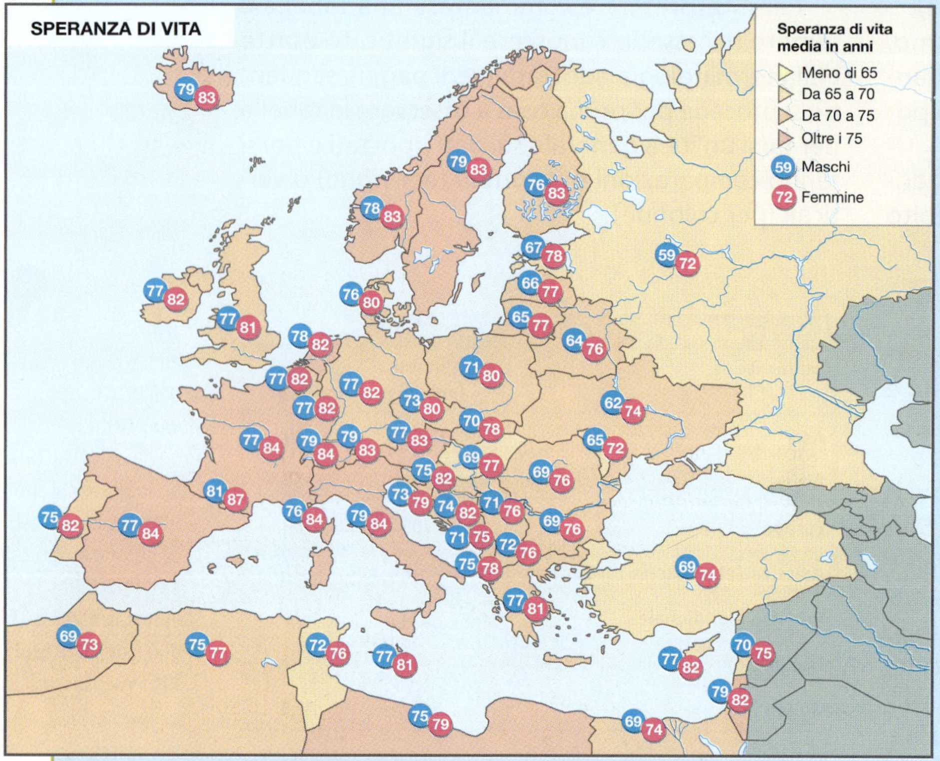

La speranza di vita alla nascita

Numero di anni che un neonato può sperare di vivere se il tasso di mortalità si mantiene costante per tutta la sua vita. Gli ultimi dati disponibili indicano che nei Paesi industrializzati le donne vivranno più di 80 anni e gli uomini poco meno di 80. Al contrario, vi sono Paesi poveri in cui la vita media di uomini e donne è di circa 40 anni.

Il numero di persone denutrite

Questo indice misura il numero di persone che cronicamente assumono quantità di cibo non sufficienti a soddisfare il fabbisogno energetico minimo. Secondo i criteri stabiliti dall'ONU, una corretta alimentazione prevede che ogni individuo disponga quotidianamente di circa 2500 calorie.

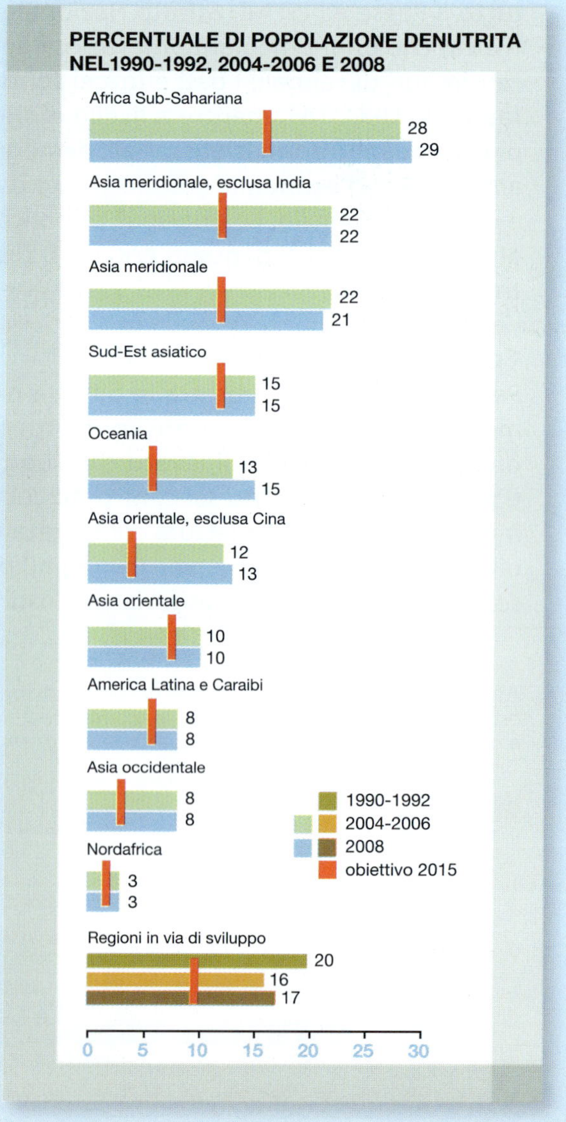

La carta tematica illustra la situazione attuale per quanto riguarda la speranza di vita in Europa e sulle sponde meridionali del Mediterraneo.

Il grafico mostra l'evoluzione dal 1990 al 2008 della percentuale di popolazione denutrita nelle varie aree del mondo e nei Paesi in via di sviluppo.

La Romania (nella foto una veduta di Timisoara) è uno dei Paesi europei con la più elevata mortalità infantile.

La popolazione urbana

Percentuale di popolazione che vive in aree urbane, definita in base ai criteri adottati a livello nazionale per il censimento più recente della popolazione. Non c'è una diretta relazione fra il tasso di urbanizzazione e la povertà; si presentano situazioni diverse, da interpretare secondo il contesto geografico e le risorse di cui dispone ciascun Paese.

Nei Paesi sviluppati le migliori opportunità di lavoro e le attività più redditizie hanno luogo nelle aree urbane, nelle quali si concentra almeno il 70% della popolazione. In alcuni Paesi poveri la percentuale di popolazione rurale è elevata (nell'Africa subsahariana, per esempio, vi sono alcuni Stati in cui la popolazione urbana non raggiunge il 40% del totale). Nelle zone rurali, le attività tradizionali, legate all'agricoltura e all'allevamento, offrono però una magra sussistenza a molti abitanti, provocando situazioni di indigenza e vulnerabilità: nei Paesi poveri molti abitanti si trasferiscono nelle città (esodo rurale) alla ricerca di occupazione e la quota di popolazione urbana si sta rapidamente allineando a quella dei Paesi sviluppati.

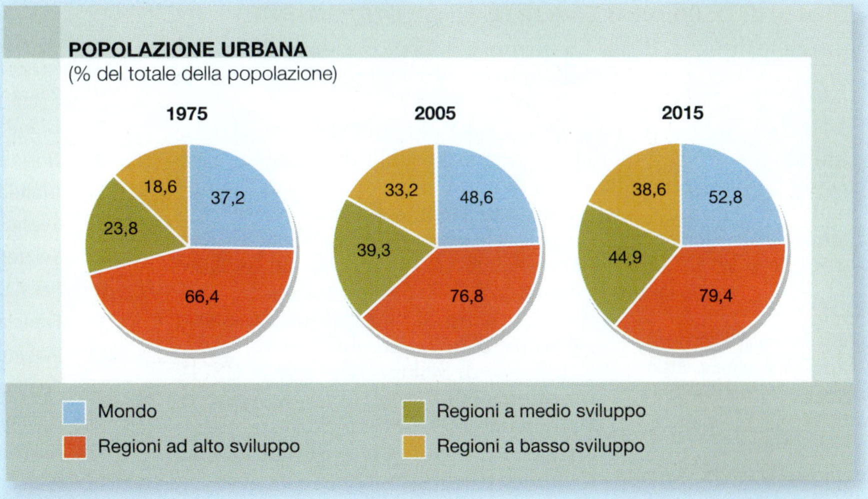

Fonte: UNDP

Negli ultimi decenni e nel prossimo futuro, la maggior crescita della popolazione urbana si concentrerà nelle regioni a medio e basso sviluppo, in particolare in Africa e in Asia, dove entro il 2030 l'estensione delle aree urbane triplicherà e la popolazione urbana raddoppierà.

Il tasso di mortalità materna

Numero di morti registrato ogni anno fra le donne per cause legate alla gravidanza ogni 100 000 nati vivi. Il Paese in cui si sono registrati più decessi tra le puerpere è l'Afghanistan (1900 ogni 100 000), ma la mortalità è altissima (oltre 1500) anche in molti Stati africani. I Paesi industrializzati, grazie a una buona situazione sanitaria e ai servizi di assistenza ospedaliera alle partorienti, registrano valori anche inferiori alle dieci unità ogni 100 000 nascite (in Italia sono cinque).

Il tasso di mortalità materna dipende in larga misura dalla mancanza di un'assistenza sanitaria qualificata durante il parto. Nella foto si vedono donne dell'etnia baluci (Iran) con un neonato nella culla.

Nell'Asia occidentale, come in molte altre aree del mondo, si trovano fianco a fianco Paesi con valori di ISU e di PIL pro capite PPA molto diversi; inoltre, non sempre il livello di reddito e quello di sviluppo umano coincidono.

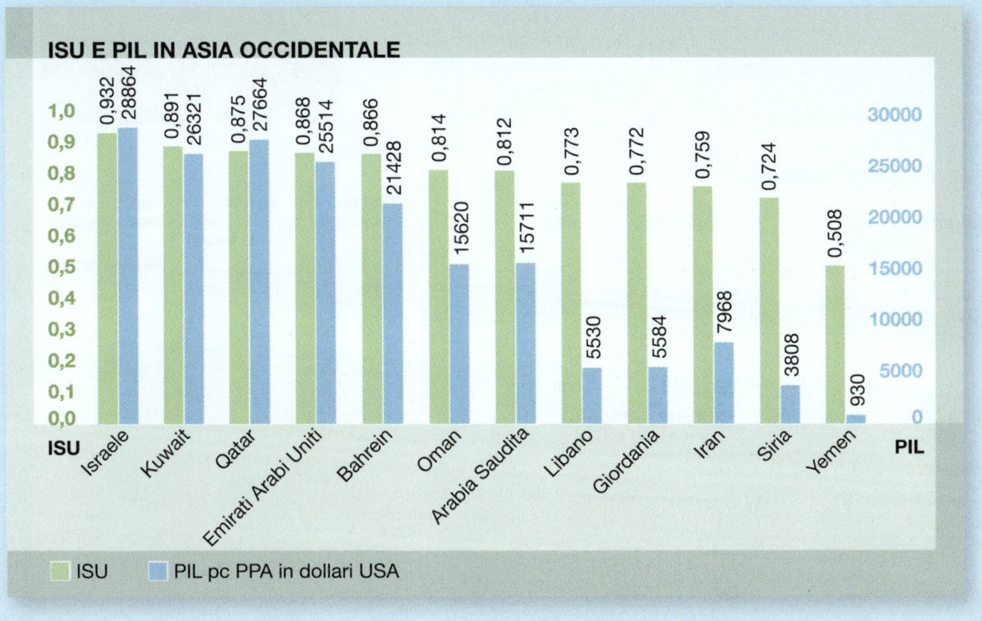

L'Indice di Sviluppo Umano (ISU)

L'Indice di Sviluppo Umano utilizza una media ponderata di fattori di sviluppo che riguardano la durata della vita (speranza di vita), il livello culturale (tasso di alfabetizzazione degli adulti e accesso ai livelli di istruzione) e la quantità di ricchezza disponibile (PIL reale per abitante in dollari USA a parità di potere d'acquisto, PPA).

L'ISU di un Paese è espresso sia tramite un valore in millesimi sia con la posizione nella graduatoria mondiale.

I valori di questo indice sono sempre inferiori a uno. I Paesi ad alto sviluppo umano (fra cui l'Italia) hanno valori compresi tra 1 e 0,8, mentre i Paesi meno avanzati hanno valori inferiori anche a 0,5 (la Sierra Leone, al 177° posto della classifica, ha il valore di 0,336).

L'Indice di Sviluppo di Genere (ISG)

Misura le disuguaglianze fra uomini e donne considerando la speranza di vita, il tasso di analfabetismo degli adulti e il reddito (in dollari USA, PPA).

L'ISU misura i risultati medi di un Paese, ma non considera le differenze fra i dati relativi agli uomini e quelli delle donne. Due Paesi che presentano lo stesso livello medio di alfabetizzazione adulta (per esempio, il 30%) possono avere tassi diversi relativi agli uomini e alle donne: un Paese potrebbe avere un tasso del 28% per le donne e del 32% per gli uomini, mentre un altro potrebbe avere un tasso del 20% per le donne e del 40% per gli uomini. L'ISU dei due Paesi non evidenzierebbe queste differenze.

L'Indice di Sviluppo di Genere (ISG), introdotto nel Rapporto sullo Sviluppo Umano del 1995, utilizza gli stessi indicatori dell'ISU, ma coglie le disuguaglianze fra donne e uomini. Quanto maggiore è la disparità di genere nello sviluppo umano di base, tanto minore è l'ISG di un Paese rispetto al suo ISU. I Paesi con le peggiori disparità fra i valori dell'ISG e dell'ISU sono l'Irlanda, l'Arabia Saudita, l'Oman, la Libia e il Giappone. Il Belize, il Brasile, la Colombia e la Russia, al contrario, occupano posizioni significativamente più alte nella classifica dell'ISG rispetto a quella dell'ISU.

Genere. L'uso del termine "genere", anziché "sesso", è recente e sottintende due concetti molto diversi tra loro. La differenza di sesso implica una caratteristica naturale e immutabile nel tempo e nello spazio, cioè in ogni epoca e in ogni società. La differenza di genere, invece, non si riferisce a un fatto naturale, ma a una costruzione sociale. Essa designa, infatti, i ruoli economici e sociali che ciascuna società attribuisce all'essere uomo o donna in un determinato luogo e in un determinato tempo, e che, quindi, possono cambiare, anche profondamente, da un luogo all'altro e nelle varie epoche.

Empowerment. Il concetto di empowerment può essere tradotto come "sentire di avere potere" o "sentire di essere in grado di fare" e fa riferimento all'accrescimento spirituale, politico, sociale o della forza economica di un individuo o di una comunità.

La Misura dell'Empowerment di Genere (MEG)

Indice composito che misura la disuguaglianza di genere su tre dimensioni fondamentali dell'empowerment: la partecipazione economica, quella alle decisioni e il potere sulle risorse economiche.

Il MEG viene calcolato solo per 93 Paesi. Si va da un valore massimo di 0,91 per la Norvegia a un valore minimo di 0,129 per lo Yemen. Secondo le statistiche dell'ONU, solo undici Paesi presentano valori superiori a 0,8; l'Italia si colloca al 21° posto con un valore di 0,693.

MISURA DELL'EMPOWERMENT DI GENERE

ISU	Paese	MEG	ISU	Paese	MEG
1	Islanda	5	32	Rep. Ceca	34
2	Norvegia	1	34	Malta	63
5	Irlanda	19	36	Ungheria	50
6	Svezia	2	37	Polonia	39
7	Svizzera	27	42	Slovacchia	33
9	Paesi Bassi	6	43	Lituania	25
10	Francia	18	44	Estonia	31
11	Finlandia	3	45	Lettonia	38
13	Spagna	12	47	Croazia	40
14	Danimarca	4	53	Bulgaria	42
15	Austria	13	60	Romania	68
16	Regno Unito	14	64	Bielorussia	nd
17	Belgio	7	66	Bosnia-Erzegovina	nd
18	Lussemburgo	nd	67	Fed. Russa	71
20	Italia	21	68	Albania	nd
22	Germania	9	69	Macedonia	35
24	Grecia	37	76	Ucraina	75
27	Slovenia	41	84	Turchia	90
28	Cipro	48	111	Moldova	55
29	Portogallo	22			

Fonte: UNDP

La tabella mostra la posizione nella classifica ISU dei Paesi europei e la posizione rispetto alla classifica del MEG.

In alcuni Paesi le differenze nel tasso di alfabetizzazione adulta maschile e femminile sono molto profonde.

I grafici mostrano l'evoluzione dell'uguaglianza di genere in alcune regioni del mondo.

L'EVOLUZIONE DELL'UGUAGLIANZA DI GENERE NEL MONDO

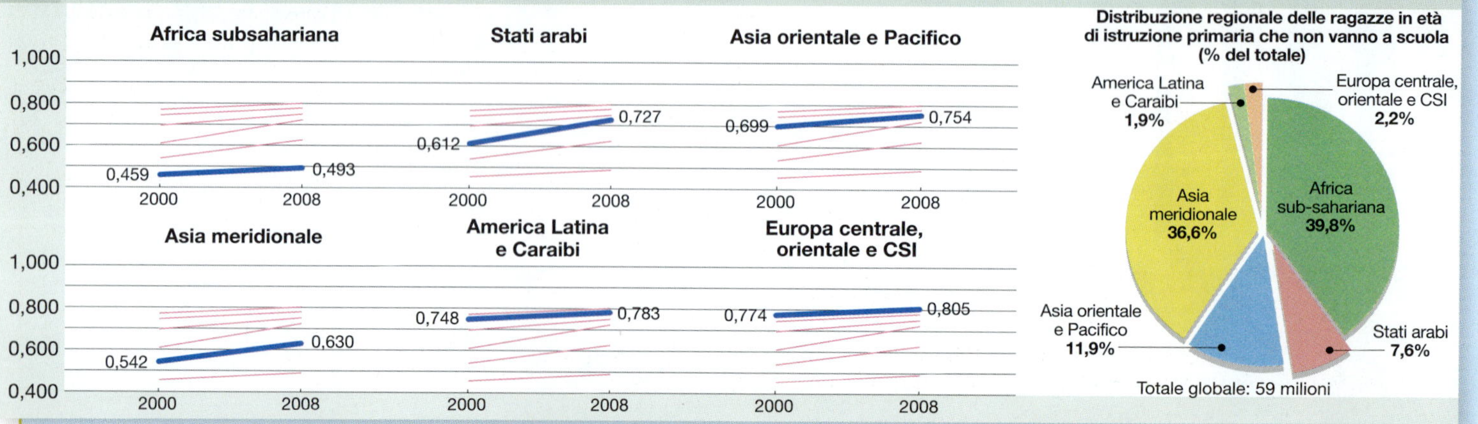

L'Indice di Povertà Umana per i Paesi in via di sviluppo (IPU-1)

L'IPU-1 è un indice relativo ai Paesi in via di sviluppo e misura in percentuale la privazione in relazione ai tre fattori essenziali dello sviluppo umano rispecchiati nell'ISU. Per quanto riguarda la speranza di vita, l'IPU-1 considera la vulnerabilità rispetto alla morte a un'età relativamente giovane, misurata dalla probabilità alla nascita di non sopravvivere fino a 40 anni. Per l'istruzione prende in considerazione l'esclusione dal mondo della lettura e delle comunicazioni, misurata dal tasso di analfabetismo degli adulti. La dignità dello standard di vita è misurata in base alla media non ponderata di due indicatori: la percentuale di popolazione priva di accesso a fonti di acqua pulita e la percentuale di bambini sottopeso rispetto all'età. Nei Paesi più poveri gli abitanti che vivono sotto la soglia di povertà calcolata mediante questo indice rappresentano tra il 30 e il 60% della popolazione.

L'Indice di Povertà Umana per i Paesi industrializzati (OCSE) selezionati (IPU-2)

Oltre alle privazioni misurate dall'IPU-1, questo indice considera anche l'esclusione sociale, misurata dal tasso di disoccupazione di lungo periodo (12 o più mesi). Per quanto riguarda la speranza di vita, viene misurata la probabilità alla nascita di non sopravvivere fino a 60 anni; l'esclusione dal mondo della lettura e delle comunicazioni è misurata dalla percentuale di adulti privi delle capacità di base di lettura e scrittura; la dignità dello standard di vita è espressa dalla percentuale di persone che vivono al di sotto della linea di povertà di reddito (che corrisponde a circa il 50% del reddito medio di quel Paese).

La percentuale di popolazione al di sotto della soglia di povertà è un dato che riguarda solo i Paesi industrializzati e che sottolinea la gravità degli squilibri sociali: nei Paesi industrializzati gli abitanti che vivono sotto la soglia di povertà calcolata mediante questo indice sono tra il 6 e il 17% della popolazione (in Italia sono il 12,7%).

È interessante notare come negli USA, uno dei Paesi più ricchi del mondo, i poveri siano il 17% della popolazione.

L'Indice delle Capacità di Base (BCI)

Messo a punto da Social Watch, una rete internazionale di organizzazioni non governative, il BCI misura la capacità da parte delle popolazioni di accedere ai beni e ai servizi di base. L'Indice è costruito a partire da tre indicatori: la percentuale di bambini che completa il ciclo dell'istruzione primaria, la percentuale di bambini che sopravvive fino al quinto anno di età e la percentuale di nascite assistite da personale sanitario qualificato.

Il valore è espresso in centesimi: i Paesi con la situazione migliore hanno risultati vicini a 100 (tutti i bambini completano la scuola primaria, mortalità infantile inferiore al 5 per mille, tutte le donne ricevono assistenza sanitaria qualificata durante il parto).

L'Indice delle Capacità di Base è molto utile perché offre un quadro sintetico per valutare la situazione sociale del Paese. La maggior parte dei dati sulla povertà, infatti, si riferisce a parametri di tipo economico (popolazione che vive con meno di 1 o 2 dollari al giorno) che spesso non definiscono chiaramente la realtà di molti Paesi.

Indicatori come il BCI, ma anche l'IPU, permettono invece di monitorare la povertà per quello che realmente è: l'impossibilità di rispondere a bisogni fondamentali.

I Paesi che registrano il BCI più basso sono il Ciad (42), l'Afghanistan (52) e il Niger (52). L'Italia, come quasi tutti i Paesi europei, ha un indice superiore a 99.

LA POVERTÀ UMANA PER I PAESI AD ALTO SVILUPPO (IPU-2)

ISU	Paese	A	B	C	D	E	F	G
1	Islanda	nd	nd	5,9	nd	0,2	nd	nd
2	Norvegia	2	6,8	7,9	7,9	0,5	6,4	4,3
3	Australia	13	12,1	7,3	17,0	0,9	12,2	17,6
4	Canada	8	10,9	8,1	14,6	0,5	11,4	7,4
5	Irlanda	18	16,0	8,7	22,6	1,5	16,2	nd
6	Svezia	1	6,3	6,7	7,5	1,1	6,5	6,3
7	Svizzera	7	10,7	7,2	15,9	1,5	7,6	nd
8	Giappone	12	11,7	6,9	nd	1,3	11,8	nd
9	Paesi Bassi	3	8,1	8,3	10,5	1,8	7,3	7,1
10	Francia	11	11,2	8,9	nd	4,1	7,3	9,9
11	Finlandia	4	8,1	9,4	10,4	1,8	5,4	4,8
12	Stati Uniti	17	15,4	11,6	20,0	0,5	17,0	13,6
13	Spagna	15	12,5	7,7	nd	2,2	14,2	nd
14	Danimarca	5	8,2	10,3	9,6	0,8	5,6	nd
15	Austria	10	11,1	8,8	nd	1,3	7,7	nd
16	Regno Unito	16	14,8	8,7	21,8	1,2	12,5	15,7
17	Belgio	14	12,4	9,3	18,4	4,6	8,0	nd
18	Lussemburgo	9	11,1	9,2	nd	1,2	6,0	0,3
19	N. Zelanda	nd	nd	8,3	18,4	0,2	nd	nd
20	Italia	19	29,8	7,7	47,0	3,4	12,7	nd
22	Germania	6	10,3	8,6	14,4	5,8	8,4	7,3

A: posizione nella classifica IPU-2. **B**: valore dell'IPU-2. **C**: probabilità alla nascita di non superare i 60 anni. **D**: percentuale di persone (fra i 15 e i 60 anni) con analfabetismo funzionale. **E**: disoccupazione di lungo periodo (più di 12 mesi). **F**: persone che vivono sotto la soglia di povertà con un reddito pari al 50% della media nazionale. **G**: persone che vivono sotto la soglia di povertà con un reddito di 11 $ al giorno.

Fonte: UNDP

Nella tabella sono riportate, oltre ai dati presi in considerazione dall'IPU-2, le posizioni ISU e IPU-2 dei Paesi economicamente più sviluppati.

La tabella riporta l'andamento del BCI dal 2000 a oggi nelle principali regioni del mondo.

L'EVOLUZIONE DEL BCI DAL 2000 A OGGI

Regione	BCI	Variazione dal 2000 (%)
Africa subsahariana	70	0,7
Asia meridionale	71	6,6
Asia orientale e Pacifico	88	1,9
America latina e Caraibi	90	1,4
Medio Oriente e Africa settentrionale	92	1,6
Asia centrale	93	0,6
Europa	98	0,5
America Settentrionale	99	3,1

Fonte: Social Watch

L'OCSE (Organizzazione per la Cooperazione e lo Sviluppo Economico, con sede a Parigi) raggruppa quasi tutti i Paesi dell'Unione Europea e le nazioni più sviluppate del mondo. Scoprine l'attività sul sito www.oecd.org/ (in inglese e in francese).

Domande e attività

1. Utilizzare i dati sulla popolazione

a. Le piramidi dell'età fotografano la struttura della popolazione in un dato periodo, ma permettono anche di fare proiezioni rispetto agli anni a venire, soprattutto se sono noti gli indici di natalità e di mortalità. Le piramidi riportate nella figura a fianco, riferite all'Italia, ci fanno riflettere su un problema sempre più pressante: l'arrivo ormai imminente all'età della pensione dei cosiddetti "baby boomer", la generazione nata nel secondo dopoguerra, esattamente fra il 1946 e il 1960.

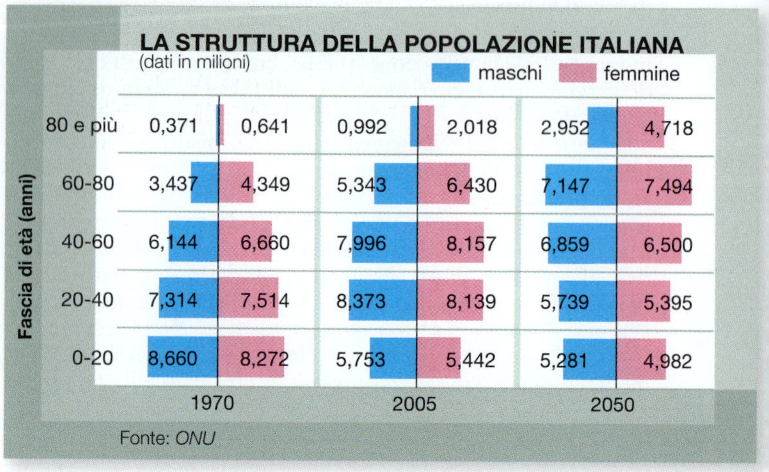

- Quali differenze noti fra le tre piramidi?

....

....

b. Osserva le piramidi del 1970, del 2005 e del 2050 (proiezione). Calcola per quelle del 2005 e del 2050 il tasso di dipendenza generazionale, cioè il rapporto fra chi è in età da lavoro (tra i 20 e i 60 anni) e chi ha più di 60 anni (l'esercizio è già svolto per l'anno 1970). Con i dati ottenuti completa la tabella.

POPOLAZIONE GENERAZIONALE

Anno	Popolazione 20-60 anni (milioni)	Popolazione 20-60 anni (%)	Popolazione > 60 anni (milioni)	Popolazione > 60 anni (%)	Tasso di dipendenza generazionale
1970	27,6	51,72	8,8	16,49	3,14
2005					
2050					

- Con i valori ricavati nella colonna "tassi di dipendenza generazionale" costruisci un istogramma. Che cosa noti?

....

....

c. Osserva ora la tabella sugli indicatori demografici in alcuni Paesi del mondo (pagina a fianco).

- Individua i Paesi in cui ci sono più uomini che donne. Secondo te per quali motivi si è verificata tale situazione?

....

....

- In quali Paesi, invece, ci sono più donne? Come lo spieghi?

....

....

- Per avere il ricambio generazionale è necessario un indice di fecondità di 2,1: individua nella tabella i Paesi nei quali non avviene questo ricambio. Che cosa succede nei Paesi in cui non avviene il ricambio generazionale, per quanto riguarda la società e l'economia?

....

....

d. Sapendo che l'indice di vecchiaia si misura facendo il rapporto fra la popolazione di età superiore ai 60 anni e quella di età inferiore ai 15 anni, calcola tale valore e inseriscilo nell'apposita colonna lasciata in bianco nella tabella. Individua infine i dieci Paesi che presentano i valori più alti.

GLI INDICATORI DEMOGRAFICI IN ALCUNI PAESI DEL MONDO

Paese	ISU (posizione graduatoria)	Speranza di vita alla nascita		Indice fecondità	Mortalità infantile	Sex ratio	Popolazione per fasce d'età			Indice di vecchiaia
		M	F		< 5 anni	M per 100 F	<15	15-59	>60	
Alto sviluppo umano										
Islanda	1	79	83	2,1	3	103,6	21,3	62,8	15,9	....
Norvegia	2	78	83	1,9	4	98,7	19,4	60,4	20,2	....
Australia	3	79	83	1,8	6	98,8	19,4	62,4	18,2	....
Canada	4	77	84	1,5	6	98,1	17	64,4	18,6	....
Irlanda	5	77	82	1,9	5	100,1	20,4	64,4	15,2	....
Svezia	6	79	83	1,8	3	98,8	16,8	58,9	24,3	....
Giappone	8	79	86	1,3	3	95,3	13,8	59,7	26,5	....
Paesi Bassi	9	78	82	1,7	5	97,8	18,1	61,8	20,1	....
Francia	10	77	84	1,9	4	94,5	18,4	60,6	21	....
USA	12	75	81	2	7	97,2	20,2	62,5	17,3	....
Spagna	13	77	84	1,4	4	97,7	14,7	63,4	21,9	....
Regno Unito	16	77	81	1,8	5	96,1	17,7	61	21,3	....
Italia	20	79	84	1,3	3	94,4	14,1	60,5	25,4	....
Germania	22	77	82	1,3	4	95,9	14,1	60,9	25	....
Grecia	24	77	81	1,3	4	98,1	14,3	61,8	23,9	....
Medio sviluppo umano										
Ucraina	76	62	74	1,2	14	85,6	14,2	65,5	20,3	....
Thailandia	78	70	75	1,6	6	96,4	22,3	66,9	10,8	....
Cina	81	67	70	1,7	19	106,3	20,4	68,2	11,4	....
Turchia	84	69	74	2,2	21	100,5	26,4	63,6	10	....
Tunisia	91	72	76	1,9	18	99,9	25,3	65,2	9,5	....
Iran	94	69	72	2	29	103,7	23,2	69,4	7,4	....
Indonesia	107	67	72	2,3	25	100	27,3	65	7,7	....
Egitto	112	69	74	2,8	30	104,6	32,3	60,4	7,3	....
Sudafrica	121	49	53	2,7	46	97	31,9	60,2	7,9	....
Marocco	126	69	73	2,7	32	99,4	30,1	62	7,3	....
India	128	66	70	2,9	54	106,7	31,8	60,4	7,8	....
Pakistan	136	62	64	3,8	73	104,5	37	56,7	6,3	....
Congo	139	55	59	6,1	79	98,5	47,6	48,3	4,1	....
Kenya	148	54	54	4,9	80	94,9	42,1	53,7	4,2	....
Uganda	154	50	52	6,9	82	100,4	50,2	46,5	3,3	....
Basso sviluppo umano										
Nigeria	158	47	48	7,1	97	102,2	42,2	52,8	5	....
Ruanda	161	47	49	5,4	76	93,2	41,8	54,5	3,7	....
Angola	162	37	38	6,4	116	97,3	43,7	51,9	4,4	....
Benin	163	52	54	5,2	78	95,5	44	52,1	3,9	....
Costa d'Avorio	166	50	53	5	89	104	40,6	54,6	4,8	....
Ciad	170	46	48	6,3	124	92	47,3	48,1	4,6	....
Mozambico	172	47	51	5,1	115	91,1	43,6	52,1	4,3	....
Burkina Faso	176	47	50	6,5	104	93,5	49,3	45,1	5,6	....
Sierra Leone	177	38	42	6,1	155	93,8	44,7	50,3	5	....

Fonte: *Calendario Atlante De Agostini* 2009

B Le dinamiche demografiche

Popolazione e sviluppo

Il numero degli abitanti di un Paese o la sua evoluzione demografica non sono di per sé indicatori di sviluppo: regioni ricche possono avere caratteristiche demografiche diverse, così come nei Paesi meno avanzati si trovano popolazioni molto variabili per numero e composizione. L'evoluzione demografica, infatti, dipende da fattori economici (ricchezza), ma anche sociali (modelli di famiglia), politici, ambientali (disponibilità delle risorse) e culturali.

L'osservazione delle dinamiche demografiche, tuttavia, è di fondamentale importanza per comprendere le tematiche relative allo sviluppo, non solo perché gli indicatori devono essere sempre rapportati al numero di persone che vivono in una determinata area, ma anche e soprattutto perché in alcune regioni a basso sviluppo economico la crescita molto rapida della popolazione sta portando a una pressione molto forte sulle risorse (acqua e suolo, in particolare), con esiti preoccupanti dal punto di vista economico, sociale e ambientale. Per questa ragione alcune aree in via di sviluppo, come la Cina e l'India, che erano caratterizzate da tassi di crescita demografica molto elevati, hanno elaborato alcune politiche di riduzione della natalità (vedi la scheda nella pagina a fianco) che hanno cambiato molto l'evoluzione quantitativa e qualitativa della popolazione. Oggi, gli stessi Paesi che vivono una crescita economica importante stanno iniziando a correggere tali politiche perché l'improvvisa riduzione della natalità rischia di portare nel breve periodo a un rapido invecchiamento della popolazione.

La popolazione urbana

Agli inizi del XXI secolo, la popolazione mondiale ammonta a oltre sei miliardi di persone. Secondo le proiezioni dell'ONU, nel 2050 la popolazione mondiale supererà i nove miliardi di persone per raggiungere un massimo di 11 miliardi nel 2200. Ogni anno la popolazione cresce di circa 80 milioni di persone, 75 milioni dei quali nei Paesi poveri (oltre il 93% in Asia e Africa).

Una conseguenza importante della crescita della popolazione mondiale, è l'**urbanizzazione**, cioè la concentrazione della popolazione nelle città, le quali in molti casi crescono a dismisura fino a diventare enormi megalopoli.

Nei Paesi in via di sviluppo la consistente crescita urbana non è però la conseguenza di un elevato tasso di industrializzazione, come è avvenuto invece in quelli ad alto sviluppo. In questi Paesi, infatti, la struttura urbana non è soltanto l'espressione degli squilibri dell'organizzazione territoriale, ma è spesso conseguenza di disordini, guerre, carestie che spingono la popolazione a concentrarsi nelle città in un illusorio tentativo di sopravvivenza.

Una veduta di Atlanta. La capitale dello Stato della Georgia (USA) si trova all'incrocio di importanti vie di comunicazione: il suo aeroporto internazionale è il più trafficato del mondo dopo quello di Chicago.

Le politiche demografiche: un confronto fra India e Cina

Mezzo secolo fa lo statista indiano Jawaharlal Nehru (1889-1962) dichiarò che il piano quinquennale da poco approvato mirava a risolvere i "365 milioni di problemi dell'India", cioè tanti quanti erano gli abitanti del Paese, frenandone l'ulteriore crescita. Oggi la popolazione si è triplicata, raggiungendo un miliardo e 100 milioni, e risulterà quadruplicata nel 2030, anno nel quale si prevede che gli indiani (1450 milioni) avranno superato i cinesi.

Due Paesi – i due quinti dell'umanità – che alla metà del secolo scorso erano accomunati da una gravissima arretratezza, hanno percorso strade molto diverse.

Se un ipotetico traguardo fosse fissato oggi, la Cina risulterebbe vincitrice. Lo è senza dubbio per il controllo della crescita demografica: il tasso di incremento è, in Cina, meno della metà di quello dell'India; le donne mettono al mondo meno di due figli a testa contro i tre in India. Ma vincitrice lo è anche sotto il profilo economico e sociale: un tasso di crescita più alto, un reddito pro capite doppio, maggiore istruzione, più contenute differenze di genere.

India: una politica incerta, ma rispettosa Eppure il giudizio storico andrebbe meglio meditato. La politica di popolazione dell'India ha fallito i suoi obiettivi, nonostante che dal primo piano quinquennale (1951-1956) il rallentamento della crescita demografica fosse un obiettivo prioritario. Le politiche di pianificazione familiare sono state incerte e contraddittorie, intralciate da un eccessivo centralismo burocratico, sostenute da risorse insufficienti.

Attualmente, il governo promuove la famiglia di due figli come modello, ma vi è forte critica per quegli Stati federali che usano incentivi e penalità perché le coppie s'attengano al modello indicato. C'è una preoccupazione diffusa che l'imperativo a limitare le nascite, in una cultura che considera una disgrazia l'assenza di un figlio maschio, rafforzi il pregiudizio verso le bambine. Il censimento del 2001 ha confermato un deficit di femmine tra i bambini sotto i 6 anni. In alcuni Stati le bambine sono del 15% meno numerose dei bambini per effetto della mortalità infantile più alta e, soprattutto, dell'aborto selettivo.

Per contrastare questa tremenda pratica, che coinvolge un numero crescente di donne che vogliono il sospirato figlio maschio, si premiano le madri di una primogenita, o d'una secondogenita, con un modesto sussidio in denaro. Sia pure con lentezza e gradualità, la natalità è in discesa: negli Stati del sud i due figli per donna sono ormai la norma. L'azione governativa se è stata incerta e poco incisiva, nel complesso è stata rispettosa dei diritti e delle prerogative individuali, facilitando, ma non imponendo, nuovi comportamenti.

India, comunicazione sociale: un manifesto per il controllo delle nascite.

Cina: una politica decisa, ma coercitiva Il contrasto con la Cina è enorme. Qui la politica del figlio unico, duramente imposta con metodi coercitivi fin dalla fine degli anni Settanta, ha ottenuto risultati strepitosi, ma al prezzo di un'impietosa repressione del diffuso sentimento popolare. La brusca frenata della natalità ha alleggerito le giovani coppie degli oneri dell'allevamento; le ha rese disponibili per il lavoro; ha incentivato risparmi e investimenti. Come si usa dire, la Cina ha goduto di un bonus demografico che ha pagato cospicui interessi, spingendo la crescita del PIL al 10% all'anno. Ma al prezzo di una dura coercizione. Inoltre il bonus demografico degli ultimi vent'anni ha per prezzo l'avvento di un malus demografico quando gli effetti della rapidissima caduta di natalità provocheranno un altrettanto veloce invecchiamento. Oggi appena un cinese su 13 ha più di 65 anni; nel 2030 il rapporto sarà di uno a sei e nel 2050 di uno a quattro. In Cina il sistema previdenziale è appena embrionale e l'assistenza agli anziani è a carico dei figli maschi, come era tradizione nella società agricola. Ma come si provvederà a questa massa crescente di anziani se i figli maschi non ci saranno, o saranno emigrati in luoghi distanti? E quanto peserà sulla crescita il rapido processo di invecchiamento?

In Cina, le politiche per il controllo delle nascite hanno portato a un forte squilibrio nel rapporto tra maschi e femmine.

L'India avrà un futuro migliore? Torniamo all'India, dove il declino della natalità è avvenuto senza strappi, con gradualità, e il processo d'invecchiamento è molto più graduale (un anziano su 11 nel 2030, uno su sette nel 2050). Il bonus demografico – in termini di spinta allo sviluppo – è stato certo minore che in Cina, ma anche il malus sarà più lieve. Tra un quarto di secolo, i due Paesi saranno vicini al miliardo e mezzo d'abitanti: ma in quale dei due la crescita economica sarà più sostenibile e il tessuto sociale più forte?

Liberamente tratto da M. Livi Bacci, *Il sorpasso indiano*, in "la Repubblica ", 24 luglio 2005

Domande e attività

1. Incremento naturale e crescita della popolazione

a. L'incremento naturale della popolazione è la differenza fra il tasso di natalità e il tasso di mortalità; essa può essere positiva (+), negativa (–) o nulla (0).
La crescita annua, invece, è la somma del tasso di incremento naturale e del saldo migratorio, che si ottiene facendo la differenza fra il numero degli immigrati e quello degli emigrati.
Con i dati della tabella qui riportata calcola qual è l'incidenza dei flussi migratori nella crescita annua di alcuni Paesi del mondo. Puoi notare qualche differenza tra i Paesi ad alto sviluppo umano e i Paesi a medio o basso sviluppo umano?

....

....

....

....

....

....

DATI DEMOGRAFICI RELATIVI AD ALCUNI PAESI DEL MONDO

	Incremento naturale ‰	Crescita annua %	Natalità ‰	Mortalità ‰	Incidenza flussi migratori %
Islanda	8,2	1,1	14,5	6,3	....
Norvegia	3,7	0,6	12,6	8,9	....
Australia	6,4	1,3	12,8	6,4	....
Canada	3,5	1	10,7	7,2	....
Irlanda	8,7	1,9	15,2	6,5	....
Svezia	1,6	0,4	11,6	10	....
Giappone	0,1	0,1	8,7	8,6	....
Paesi Bassi	2,9	0,41	11,3	8,4	....
Francia	3,6	0,53	12,2	8,6	....
USA	6,4	0,96	14,2	7,8	....
Spagna	3	0,4	11,3	8,3	....
Regno Unito	3	0,5	12,4	9,4	....
Italia	-0,1	0,4	9,5	9,6	....
Germania	-1,8	0	8,2	10	....
Cina	5,3	0,6	12,1	6,8	....
Turchia	12,4	1,3	18,7	6,3	....
Iran	12	1,4	17,8	5,8	....
Indonesia	13,8	1,3	20,1	6,3	....
Egitto	19,1	2	25,5	6,4	....
Sudafrica	-3,8	1	18,2	22	....
Marocco	16,4	1,4	22	5,6	....
India	16	1,5	23,5	7,5	....
Pakistan	19,9	1,9	28,1	8,2	....
Nigeria	23,5	2,2	40,4	16,9	....
Angola	19,8	2,7	45	25,2	....
Costa d'Avorio	23,9	2,1	37,9	14	....
Mozambico	23,4	1,7	38,6	15,2	....
Burkina Faso	30	3,1	45,6	15,6	....

Fonte: *Calendario Atlante De Agostini* 2009

b. Facendo riferimento alla tabella, costruisci due istogrammi in cui metti in ordine decrescente i Paesi in relazione al tasso di natalità e al tasso di mortalità. Prova ora a evidenziare eventuali differenze fra i due grafici. Come si possono spiegare?

....

....

....

....

....

....

....

....

....

....

2. Le politiche demografiche

a. Utilizzando i dati della tabella costruisci gli areogrammi relativi all'incidenza della popolazione anziana (oltre 65 anni) per gli anni 2010, 2020 e 2030 per la Cina e per l'India.

- Confronta le due diverse situazioni e scrivi le tue osservazioni.

....

....

....

b. Individua quali sono le problematiche legate all'invecchiamento della popolazione, facendo anche riferimento al libro di testo.

....

....

....

....

....

....

POPOLAZIONE PER FASCE D'ETÀ IN CINA E INDIA

Paese	Pop. totale (in milioni)			Pop. sotto i 15 anni (% del totale)			Pop. sopra i 65 anni (% del totale)		
	2010	2020	2030	2010	2020	2030	2010	2020	2030
CINA	1354	1431	1462	19,9	18,7	16,9	8,2	11,7	15,9
INDIA	1214	1367	1484	30,8	26,7	22,8	4,9	6,3	8,4

Fonte: ONU

LA POPOLAZIONE URBANA IN ALCUNI PAESI DEL MONDO (1975-2015)

Paese	Posizione graduatoria mondiale ISU	Popolazione (in milioni)	Popolazione urbana %			Differenza % 1975-2015
			1975	2005	2015	
Australia	3	20,3	85,9	88,2	89,9	....
Canada	4	32,3	75,6	80,1	81,4	....
Giappone	8	127,9	56,8	65,8	68,2	....
Francia	10	61	72,9	76,7	79,0	....
USA	12	299,8	73,7	80,8	83,7	....
Regno Unito	16	60,2	82,7	89,7	90,6	....
Italia	20	58,6	65,6	67,6	69,5	....
Germania	22	82,7	72,7	75,2	76,3	....
Arabia Saudita	61	23,6	58,3	81	83,2	....
Federazione Russa	67	144	66,9	73	72,6	....
Brasile	70	186,8	61,7	84,2	88,2	....
Cina	81	1313	17,4	40,4	49,2	....
Indonesia	107	226,1	19,3	48,1	58,5	....
Egitto	112	72,8	43,5	42,8	45,4	....
India	128	1134	21,3	28,7	32	....
Kenya	148	35,6	12,9	20,7	24,1	....
Senegal	156	11,8	33,7	41,6	44,7	....
Nigeria	158	141,4	23,4	48,2	55,9	....
Costa d'Avorio	166	18,6	32,2	45,0	49,8	....
Sierra Leone	177	5,6	21,2	40,7	48,2	....

Fonte: UNDP

Una veduta della città di Liverpool.

3. L'urbanizzazione

a. Completa la tabella calcolando la differenza in punti percentuali fra la popolazione urbana del 1975 e la proiezione del 2015.

b. Quali Paesi presentano la maggior crescita percentuale?
Come spieghi questi fenomeni?

....

....

....

....

....

....

4. Le baraccopoli

a. Leggi la scheda qui sotto, poi osserva la tabella *La popolazione urbana in alcuni Paesi del mondo (1975-2015)* a p. 49, la tabella *Popolazione dei quartieri informali* e la fotografia di Rio de Janeiro nella pagina a fianco. Utilizzando questi materiali, scrivi un breve articolo dal titolo *Inurbamento e povertà*.

Un "sotterraneo della vita e della storia"

Tra i Paesi in via di sviluppo interessati dal problema delle baraccopoli, o slum, alcune zone dell'Africa vivono le situazioni più drammatiche. Soweto, Kibera, Makoko, Korogocho sono solo alcune delle baraccopoli africane in cui vivono, in condizioni estreme, milioni di poveri.

La baraccopoli di Korogocho

Korogocho è un altro mondo. È uno dei sotterranei della vita e della storia. Ma per capire Korogocho, bisogna capire Nairobi, quella capitale dell'apartheid economica, dove la maggior parte della gente è costretta a vivere peggio delle bestie in spaventose baraccopoli.

Nairobi, costruita dagli inglesi alla fine dell'Ottocento su un altopiano a 1 800 metri, era una città di apartheid: la città dei bianchi, la città degli indiani (Parklands, Pumwani) e la città dei neri (Mattare Valley). Con l'indipendenza, questa cittadina bellissima, enormemente ricca, è diventata una metropoli con quattro milioni di abitanti, che evidenzia un apartheid oggi non più razziale, ma economico.

Oltre la metà dei suoi abitanti, lo dicono le statistiche dell'ambasciata statunitense a Nairobi, è costretta a vivere nell'1,5% del territorio totale della città. Sono i baraccati. Inoltre questo 1,5% della terra non appartiene ai baraccati ma al governo, il quale può venire quando e dove vuole con le ruspe, spianare le baracche e spingere altrove i poveri. Bisogna anche sapere che l'80% delle persone non possiede nemmeno la baracca dove vive, ma paga l'affitto. In Brasile, nelle favelas, questo è inconcepibile.

Ci sono oltre 120 baraccopoli a Nairobi, molte sono di ridotte dimensioni, con circa 3-4000 abitanti. La più grande è Kibera con 800 000 abitanti, poi c'è Mattare Valley, la più vecchia, con 250 000, infine la terza è Korogocho con 100 000.

Korogocho è una parola kikuyu che significa "confusione". È costituita da una collina lunga un chilometro e mezzo, larga uno. Tutti gli abitanti sono accatastati in questo spazio. Le baracche sono in genere tre metri per quattro e ospitano mediamente cinque-sei persone. Le fognature sono a cielo aperto.

L'unico servizio che fornisce il comune di Nairobi è l'acqua, che però non arriva nelle baracche, ma è portata con delle tubature a punti di rifornimento e poi venduta un tanto al secchio da alcuni abitanti della baraccopoli che fanno un contratto con il comune. Così i poveri la pagano più cara dei ricchi.

È un fatto che l'acqua che riempie le piscine delle tante ville di Nairobi costa molto meno dell'acqua che si beve nelle baraccopoli. Ma tutto questo non è avvertito come problema da chi detiene il potere. Basti pensare che nelle mappe catastali le baraccopoli non esistono. Non c'è nulla. Andare in baraccopoli significa letteralmente scendere agli inferi, nelle fogne.

Il primo impatto è sconvolgente. Le condizioni di vita portano al degrado sociale; non regge più nulla, le famiglie sono disarticolate e composte per lo più da donne e bambini (il 70% sono rette da donne).

Gli uomini vanno e vengono, molti, dopo aver lasciato la famiglia chissà dove, arrivano in città per lavorare e trovano un'altra donna a Korogocho. Al degrado sociale si accompagna il degrado morale. Qui le norme etiche crollano. C'è una violenza inaudita. Penso sia raro trovare delle situazioni così violente come quelle delle baraccopoli di Nairobi.

Caratteristica della baraccopoli di Korogocho è certamente la discarica dove arrivano i rifiuti della città (*nella fotografia a fianco*). È una lunga collina proprio davanti a Korogocho, al di là del fiume Nairobi, dove arrivano centinaia di camion al giorno per scaricare l'immondizia della capitale. Migliaia di persone ci vanno per raccogliere il possibile.

Liberamente tratto da A. Zanotelli, *Korogocho. Alla scuola dei poveri*, Feltrinelli 2003

POPOLAZIONE DEI QUARTIERI INFORMALI

	Popolazione totale (milioni)	% Popolazione urbana	% Popolazione slum	Popolazione slum totale (milioni, 2001)	Popolazione slum (milioni, proiezione 2020)
Africa settentrionale	206,3	52	28,2	21,4	20,7
Africa subsahariana	866,9	37,3	71,9	166,2	393,1
America latina e Caraibi	593,7	79,4	31,9	127,6	162,6
Asia orientale	1562,6	48,5	36,4	194,1	299,1
Asia centro-meridionale	1777,4	32,2	58	262,4	393,4
Asia sud-orientale	594,2	48,2	28	56,8	73,3
Asia occidentale	232,1	66,3	33,1	41,4	73,9
Paesi in via di sviluppo	5674,1	45,3	43	869,9	1416,1
Paesi ricchi	1232,5	75	6	54	60
Mondo	6906,6	50,6	31,6	923,9	1476,1

Fonte: UN-HABITAT 2002

IL MIO ARTICOLO

Una favela a Rio de Janeiro.

C Obiettivo 1 – Eliminare la povertà estrema

La lotta alla povertà

Le Nazioni Unite si sono impegnate nel raggiungimento, entro il 2015, degli otto Obiettivi di Sviluppo del Millennio. Il primo di questi obiettivi si propone di dimezzare la percentuale di persone povere e denutrite sul pianeta rispetto ai valori del 1990.

Della fame si parlerà nella prossima sezione, qui vediamo quali progressi sono stati fatti dalle nazioni nel tentativo di ridurre la povertà nel mondo. Nel 2000, le Nazioni Unite si sono impegnate a ridurre del 50% in 15 anni la percentuale di persone che vivono in estrema povertà.

Mauritania, distribuzione di cibo ai poveri.

Ma che cosa significa povertà e come può essere misurata?

Secondo Amartya Sen, economista indiano, premio Nobel per l'economia nel 1998, la povertà è la mancanza di libertà di avere o fare cose basilari a cui una persona attribuisce valore. In generale si può affermare che la povertà è l'incapacità di accedere a beni e servizi fondamentali per la propria esistenza, tuttavia è molto difficile misurare questa incapacità.

Alcune organizzazioni come la rete Social Watch hanno provato a elaborare un indicatore delle Capacità di Base *(vedi a pagina 43)* che dia una misura dell'accesso a questi beni e servizi (salute e istruzione soprattutto), ma a livello internazionale prevale ancora una misurazione monetaria della povertà (in dollari disponibili al giorno), perché più facilmente intuibile, anche se meno esatta.

Uno scenario frammentato

Le Nazioni Unite, dunque, fissano oggi la soglia dell'estrema povertà a 1,25$ al giorno.

La soglia della povertà misura il livello di reddito annuo al di sotto del quale una famiglia (di quattro persone) vive nella povertà. Questa soglia viene definita diversamente a seconda dei Governi e delle istituzioni. Il concetto resta particolarmente controverso poiché si tratta di una problematica non soltanto economica, bensì anche culturale e sociale.

Secondo questi parametri di riferimento, nelle regioni in via di Sviluppo, nel 1999 la percentuale di persone povere era del 31%.

Oggi questa stessa percentuale è scesa al 25%, ma anche in questo caso la recente crisi economica ha rallentato molto questa tendenza, soprattutto in alcune regioni.

Se, infatti, in talune aree dell'Asia (orientale e sud-orientale), l'obiettivo di dimezzare il numero di persone povere è già stato raggiunto, in altre aree del pianeta (Africa subsahariana e Asia meridionale) la tendenza alla diminuzione è molto più lenta e l'obiettivo presumibilmente non sarà raggiunto nei tempi previsti.

Lo scenario però è particolarmente frammentato e la povertà non solo fatica a diminuire nei Paesi del Sud del mondo, ma persiste e talvolta appare in forme nuove, anche tra la popolazione degli stessi Paesi ricchi.

La povertà nei Paesi sviluppati

Nella seconda metà del Novecento, il mondo occidentale ha fatto molti passi in avanti verso l'eliminazione della povertà, che in precedenza riguardava gran parte della popolazione.

L'enorme incremento di produttività agricola e industriale, il più intenso sfruttamento delle risorse naturali e le conquiste sociali e tecnologiche hanno portato infatti a un miglioramento generalizzato del tenore di vita: i benefici dello sviluppo si sono distribuiti maggiormente nella popolazione occidentale, che ha cominciato a godere di un diffuso benessere, e ciò ha permesso di eliminare problemi sociali secolari.

La povertà rimane: povertà assoluta e povertà relativa

Nonostante ciò, la povertà esiste ancora, anche tra la popolazione delle maggiori potenze economiche mondiali: negli USA, nel 2008, le statistiche hanno registrato quasi 40 milioni di persone definite ufficialmente "poveri".

Oggi esistono due tipi di povertà. Con l'espressione "**povertà assoluta**" o di sussistenza, si indica una situazione in cui una persona non è in grado di soddisfare le sue necessità primarie, non ha la possibilità di procurarsi quanto serve a mantenere se stessa e la propria famiglia in buona salute.

Con l'espressione "**povertà relativa**" si definisce una situazione in cui gli individui, o le famiglie, dispongono di una quantità di risorse inferiore alla disponibilità media degli individui o delle famiglie della società in cui vivono. Questa carenza condiziona la loro esistenza escludendoli dai normali costumi, attività e modelli di vita. Essi non sono in grado di avere gli standard di vita e i comfort che sono abituali nella società cui appartengono.

La crisi economica del 2008/2009 ha colpito un gran numero di persone nei Paesi sviluppati, molte delle quali hanno perso la casa e il lavoro.

Il ruolo dei "soldi della diaspora"

Quasi ogni famiglia africana ha un parente che vive e lavora all'estero, soprattutto in Europa, Stati Uniti e in zone "ricche" del continente, come il Sudafrica. Da questi quasi 30 milioni di immigrati arrivano ogni anno in Africa circa 40 miliardi di dollari. Una cifra enorme, che in alcuni Paesi arriva a costituire il 20 del PIL, surclassando di gran lunga gli aiuti allo sviluppo internazionale e persino gli investimenti esteri in forma diretta.

Quella dei "soldi della diaspora" è una base solida di sopravvivenza e rilancio economico in molti Paesi in via di sviluppo o in rapida crescita: secondo i dati della Banca mondiale, dal 2005 le rimesse totali sono arrivate a totalizzare 188 miliardi di dollari – in gran parte dirette a Cina, India e Messico – quasi il doppio dell'ammontare degli aiuti a questi Paesi.

La crisi economica globale sta però mettendo a rischio il flusso delle rimesse. La Banca mondiale calcola una contrazione tra l'1 e il 6% per il 2009 rispetto al 2008. In termini pratici, per una famiglia africana, un parente che perde il posto di lavoro negli Stati Uniti significa l'interruzione improvvisa dell'unica fonte di sostentamento: non poter più mandare i figli a scuola, non poter pagare l'affitto, non poter pagare i debiti. Tra tutte le zone del mondo che si reggono sulle rimesse estere, il caso africano è paradigmatico di una potenzialità sprecata. Lo mette in luce l'ultimo rapporto dell'IFAD, il Fondo internazionale per lo sviluppo agricolo (agenzia dell'ONU), che da anni studia il fenomeno delle rimesse per evidenziarne punti deboli e possibilità di sviluppo.

L'IFAD individua tre punti deboli nella trasmissione e nello sfruttamento delle rimesse: la mancanza di competitività nel settore della gestione dei flussi di denaro, l'arretratezza tecnologica, la mancanza di informazione sui prodotti finanziari collegati al godimento delle rimesse, ovvero risparmio e reinvestimento in business locali che a loro volta possono innescare un processo virtuoso di sviluppo soprattutto nelle comunità rurali più remote.

Il problema di dove finiscono i soldi delle rimesse è infatti cruciale. Molti dei Paesi africani ai primi posti nella quantità dei soldi ricevuti dagli emigranti risultano poi in fondo all'Indice di sviluppo delle Nazioni Unite: il flusso di denaro dall'estero viene infatti usato in beni di consumo e non reinvestito per promuovere la crescita economica delle comunità.

Tratto da R. Menichini, in "la Repubblica", 22 ottobre 2009

La nuova povertà

Nei Paesi sviluppati la povertà è soprattutto di questo secondo tipo e riguarda principalmente disoccupati, immigrati, invalidi e persone anziane (anche se fra gli immigrati, in particolare quelli irregolari, si possono riscontrare situazioni di povertà assoluta).

La **disoccupazione** comporta gravi conseguenze, specialmente in Paesi, come gli USA, in cui i lavoratori sono poco protetti dai cosiddetti ammortizzatori sociali (cassa integrazione, sussidio di disoccupazione ecc.).

La disoccupazione può comportare, per esempio, l'impossibilità di mandare i figli a scuola o di pagare un'assicurazione sanitaria, servizi dal costo piuttosto elevato. Le famiglie precipitano così in una situazione di pesante disagio prima sconosciuto, che viene definita nuova povertà.

La nuova povertà è anche il frutto della radicale **ristrutturazione del sistema economico** dei Paesi sviluppati basata sulla riduzione del costo del lavoro per conquistare o mantenere i mercati. Pagare meno un lavoratore, ridurre i contributi sociali (pensione, sanità), rendere più insicuri e a tempo determinato i posti di lavoro, può garantire alle imprese una crescita dei profitti, ma colpisce le possibilità di consumo dei lavoratori, soprattutto dei giovani, che spesso entrano nel mondo del lavoro trovando solo posti precari e mal pagati, impieghi che non consentono neanche di progettare la costituzione di una nuova famiglia.

I poveri sono numerosi anche nei Paesi più ricchi. Il grafico a fianco mostra come la povertà sia legata alle "periferie", non solo geografiche, ma sociali e culturali. I gruppi che vivono ai margini della struttura sociale di un Paese per ragioni economiche, politiche, etniche o culturali (per esempio, le popolazioni indigene dell'America latina) sono particolarmente vulnerabili e soggetti a condizioni di povertà.

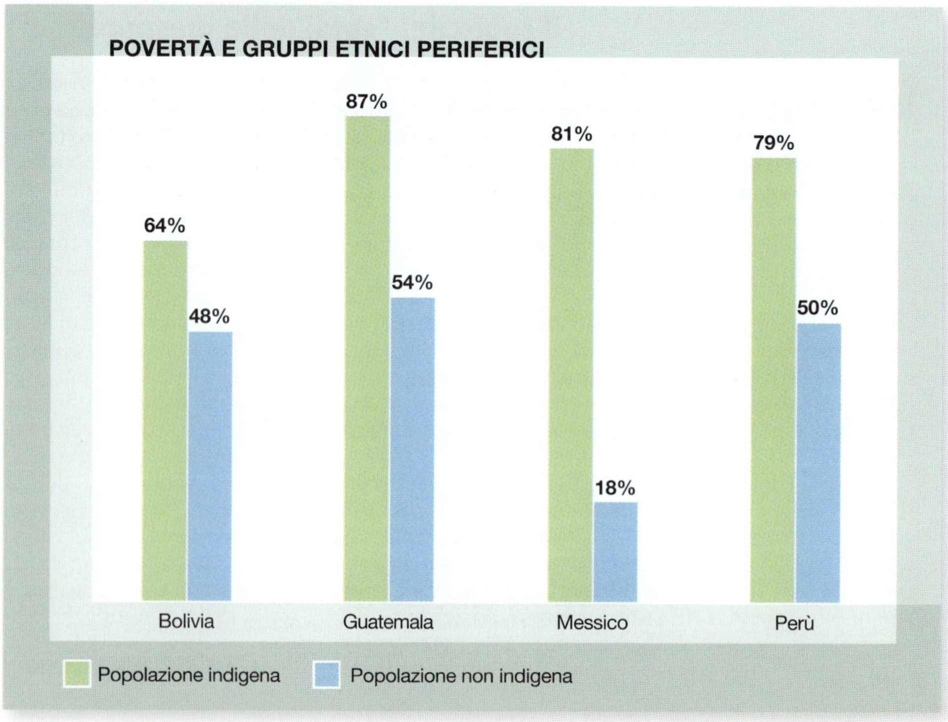

Un bracciante agricolo nella Capitanata (foto G. Lopez/Medici senza frontiere).

Io, schiavo in Puglia

Le nuove povertà si trovano spesso molto vicine a noi, ma sono difficili da osservare, perché emarginate o consapevolmente nascoste da chi ne trae benefici economici.

In questo noto articolo si racconta la storia dei migranti che vengono costretti a lavorare in condizioni di semischiavitù nella raccolta dei pomodori in alcune aree della Puglia.

Una settimana da infiltrato tra gli schiavi è un viaggio al di là di ogni disumana previsione. Ma non ci sono alternative per guardare da vicino l'orrore che gli immigrati devono sopportare.

Sono almeno cinquemila. Forse settemila. Nessuno ha mai fatto un censimento preciso. Tutti stranieri. Tutti sfruttati in nero. Rumeni con e senza permesso di soggiorno. Bulgari. Polacchi. E africani. Da Nigeria, Niger, Mali, Burkina Faso, Uganda, Senegal, Sudan, Eritrea. Alcuni sono sbarcati da pochi giorni. Sono partiti dalla Libia e sono venuti qui perché sapevano che qui d'estate si trova lavoro. Inutile pattugliare le coste, se poi gli imprenditori se ne infischiano delle norme. Ma da queste parti se ne infischiano anche della Costituzione: articoli uno, due e tre. E della Dichiarazione universale dei diritti dell'uomo. Per proteggere i loro affari, agricoltori e proprietari terrieri hanno coltivato una rete di caporali spietati: italiani, arabi, europei dell'Est. Alloggiano i loro braccianti in tuguri pericolanti, dove nemmeno i cani randagi vanno più a dormire. Senza acqua, né luce, né igiene. Li fanno lavorare dalle sei del mattino alle dieci di sera. E li pagano, quando pagano, quindici, venti euro al giorno. [...]

Adesso è la stagione dell'oro rosso: la raccolta dei pomodori. La provincia di Foggia è il serbatoio di quasi tutte le industrie della trasformazione di Salerno, Napoli e Caserta. I perini cresciuti qui diventano pelati in scatola. Diventano passata. E, i meno maturi, pomodori da insalata. Partono dal triangolo degli schiavi e finiscono nei piatti di tutta Italia e di mezza Europa. Poi ci sono i pomodori a grappolo per la pizza. Gli altri ortaggi, come melanzane e peperoni. Tra poco la vendemmia. Gli imprenditori fanno finta di non sapere. [...]

Oggi dev'essere la giornata più torrida dell'estate. Quarantadue gradi, annunciavano i titoli all'edicola della stazione. Sperduta nei campi appare nell'aria bollente una stalla abbandonata. È abitata. Sono africani. Stanno riposando su un vecchio divano sotto un albero. Qualcuno parla tamashek, sono tuareg. Un saluto nella loro lingua aiuta con le presentazioni. La segregazione razziale è rigorosa in provincia di Foggia. I rumeni dormono con i rumeni. I bulgari con i bulgari. Gli africani con gli africani. È così anche nel reclutamento. I caporali non tollerano eccezioni. Un bianco non ha scelta se vuole vedere come sono trattati i neri. Bisogna prendere un nome in prestito. Donald Woods, sudafricano. Come il leggendario giornalista che ha denunciato al mondo gli orrori dell'apartheid. [...]

Si parte. In nove sulla Golf. Tre davanti. Cinque sul sedile dietro. E un ragazzo raggomitolato come un peluche sul pianale posteriore. Solo per questo trasporto di dieci minuti il caporale incasserà quaranta euro. I ragazzi lo chiamano Giovanni. Loro hanno già lavorato dalle 6 alle 12.30. La pausa di due ore non è una cortesia. Oggi faceva troppo caldo anche per i padroni perché rinunciassero a una siesta. Giovanni si presenta subito dopo, guardando attraverso lo specchietto retrovisore: "Io John e tu?". Poi avverte: "John è bravo se tu bravo. Ma se tu cattivo...". Non capisce l'inglese né il francese. E questo basta a far cadere il discorso. Ma il pugnale da sub che tiene bene in vista sul cruscotto parla per lui. [...]

La Golf stracarica corre e sbanda sulla stretta provinciale per Lavello. Il contachilometri segna 100 all'ora. Una follia. Alle prime aziende agricole del paese, Giovanni svolta a destra dentro una strada sterrata. Altri due chilometri e si è arrivati. Si prosegue a piedi, in fila indiana. Il campo è tra due vigneti. Questi pomodori vanno raccolti a mano. Quando il padrone vede arrivare il gruppo di africani, imita il verso delle scimmie. [...] Nello stesso istante un furgone scarica nove rumeni. Tra loro tre ragazze, le uniche nella squadra. Si lavora a testa bassa. Guai ad alzare lo sguardo. [...]

L'industria alimentare campana paga i pomodori pugliesi da 4 a 5 centesimi al chilo. Sulle bancarelle lungo le strade di Foggia i perini salgono già a 60 centesimi al chilo. A Milano 1,20 euro quelli maturi da salsa e 2,80 euro al chilo quelli ancora dorati. Al supermercato la passata prodotta in Campania costa da 86 centesimi a 1,91 euro al chilo. I pelati da 1,04 a 3 euro al chilo. Eppure, nel ghetto di Stornara, nemmeno stasera che il mese è quasi finito ci sono i soldi per comprare un pezzo di carne. "Donald, non te ne andare", si fa avanti Amadou, "Giovanni è molto arrabbiato con te perché hai lasciato il gruppo. Ti sta cercando, vado a dirgli che sei qui". Nel fondo di questa miseria, Amadou sa già con chi stare.

Tratto da Fabrizio Gatti, *Io schiavo in Puglia*, in "L'Espresso", n. 35/2006

Raccolta di pomodori nel foggiano.

Domande e attività

1. La povertà

CRESCITA ECONOMICA E POVERTÀ DI REDDITO

	Crescita annua reddito pro capite 1990-2005 in %	Popolazione povera 1990, in %	Popolazione povera 2005, in %
Asia orientale e Pacifico	5,8	60,1	15,9
Asia meridionale	3,4	49,5	38,6
America Latina e Caraibi	1,2	11,3	8,2
Medio Oriente	2,3*	2,2	5,8
Africa settentrionale	2,3*	4,5	2,6
Africa subsahariana	0,5	57,4	50,7
Europa orientale e CSI	1,4	2,7	5,3

* Accorpati nella classificazione UNDP

Fonte: UNDP, 2007; ONU, 2009

a. Leggi attentamente i dati riportati nella tabella, poi rispondi alle seguenti domande.

- In alcune regioni, nonostante una crescita del reddito pro capite, si è registrato un incremento delle persone che vivono in condizione di estrema povertà. Di quali regioni si tratta?

....

....

- Come puoi spiegare questa dinamica?

....

....

b. Con i dati della tabella realizza un grafico che illustri l'evoluzione del reddito pro capite e uno per illustrare quella della povertà.

2. Povertà e reddito

INDICATORI SOCIALI IN ALCUNI PAESI AFRICANI

	Reddito annuo pro capite in dollari (2006)	BCI	Spesa per la sanità pubblica (% del PIL)	Spesa per l'istruzione pubblica (% del PIL)
Angola	4434	62	1,5	2,6
Ciad	1470	42	1,6	2,1
Guinea Equatoriale	27 161	58	1,2	0,6
Kenya	1436	71	1,8	6,7
Madagascar	878	61	1,8	3,2
Malawi	703	62	9,6	5,8

Fonte: ONU, 2008; Social Watch, 2008

a. Osserva i dati della tabella relativi ad alcuni Paesi africani.

- Che osservazioni puoi fare sul rapporto tra reddito e Indice delle Capacità di Base?

....

....

....

■ Che relazione noti tra la povertà e la spesa pubblica nella sanità e nell'istruzione?

....

....

....

3. Le "nuove povertà"

a. Si parla oggi di "nuove povertà": che cosa significa questo termine?

....

....

....

b. Scrivi una didascalia per la fotografia.

....

....

....

4. Le "nuove povertà" in Italia

a. Leggi la scheda qui sotto. Come si "distribuisce" la povertà in Italia? Quali bisogni esprimono le famiglie che si rivolgono alla Caritas per chiedere aiuto?

....

....

Il "modello italiano" di povertà

In tutte le regioni centro-settentrionali, la povertà ha un'incidenza sempre inferiore al dato nazionale, mentre per le regioni meridionali accade l'esatto contrario.

La povertà del Sud Italia è di 4-5 volte maggiore rispetto a quella del Nord. Inoltre, se in regioni come il Veneto, la Toscana, il Friuli-Venezia Giulia l'incidenza della povertà relativa negli anni 2002-2007 ha segnato una significativa decrescita (rispettivamente -15%, -32% e -33%), in Sicilia e Sardegna i valori sono aumentati rispettivamente del 30 e 34%. Se si analizza invece l'intensità della povertà relativa, lo scenario si presenta analogo: Basilicata, Molise e Sicilia sono le regioni dove le famiglie povere hanno la spesa mensile mediamente più bassa rispetto al resto d'Italia.

Il "modello italiano di povertà" presenta un divario che non ha corrispondenti in Europa, neppure nei Paesi caratterizzati da significative disparità territoriali.

Dall'analisi dei dati emerge un'altra anomalia tutta italiana: si spende di più per contrastare la povertà nelle regioni laddove ci sono meno poveri.

Per fare un esempio: la regione che sostiene la spesa pro capite più alta è il Trentino-Alto Adige, proprio dove l'indice della povertà è inferiore alla media nazionale. Campania, Calabria e Basilicata invece presentano un indice di povertà elevato, ma la loro spesa pro capite è al di sotto della media nazionale.

Anche quando s'investe per combattere la povertà, si tende a dare soldi piuttosto che fornire servizi durevoli nel tempo, piccoli benefici economici che sono solo un palliativo e non la soluzione al problema povertà.

Ciò porta gli enti pubblici a investire cifre molto alte per dare una piccola risposta a molti. In un confronto internazionale sugli effetti del sistema di tax benefit risulta che in Italia tale sistema riesce a ridurre la povertà delle famiglie con bambini solo dell'1,7% contro una media dei Paesi OCSE del 40% (in Francia si arriva al 73% e in Danimarca all'80%).

Un numero crescente di famiglie italiane si rivolge alla Caritas per problemi di "reddito insufficiente rispetto alle normali esigenze della vita". I bisogni espressi sono principalmente di tipo economico: 56,8% degli italiani e 48,1% degli stranieri. Seguono i problemi di occupazione: 44% degli italiani e 54,9% degli stranieri. Per questi ultimi sono anche rilevanti i problemi abitativi (21,8%). Le richieste espresse si concentrano soprattutto nella categoria Beni e servizi materiali, sia per gli italiani (46,1%) che soprattutto per gli stranieri (51,3%). Seguono le richieste di Sussidio economico per gli italiani (20,8%) e le richieste di Lavoro per gli stranieri (33,5%).

Tratto da: Caritas, *Rapporto 2009 su povertà ed esclusione sociale in Italia*

D Obiettivo 1 – Eliminare la fame nel mondo

Combattere la fame nel mondo, successi e fallimenti

La seconda componente del primo Obiettivo del Millennio è costituita dalla lotta alla fame.
Negli anni Novanta del secolo scorso, la percentuale di **persone denutrite** nei Paesi del Sud del mondo era del 20% circa. Successivamente si è avuto un decremento di questa percentuale seguito da un nuovo aumento, registrato nel corso del 2008 a causa del rialzo dei prezzi dei beni alimentari.

Oggi, a dieci anni dal Vertice del millennio, la quota di persone denutrite nei Paesi in via di sviluppo è del **17%**: possiamo dunque registrare un miglioramento, ma siamo ancora molto lontani dal raggiungimento dell'obiettivo.

Se lo scenario complessivo presenta aspetti positivi e negativi, alcune regioni sembrano essere particolarmente in difficoltà: l'Africa subsahariana e l'Asia orientale (Cina esclusa), infatti, hanno subito conseguenze più gravi rispetto ad altre regioni a seguito della crisi alimentare verificatasi nel 2007-2008, facendo registrare preoccupanti peggioramenti.

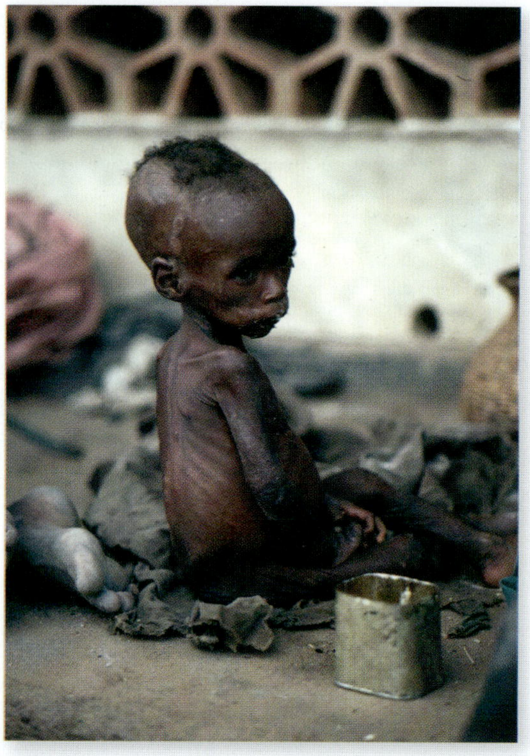
Un bambino denutrito in Uganda.

La crisi alimentare

La crisi alimentare, che rappresenta solo un aspetto della più vasta crisi economica che dal 2007 ha investito il mondo globalizzato, è stata caratterizzata da una gravità tale da poter essere definita un'emergenza planetaria: essa infatti ha interessato non solo le regioni maggiormente vulnerabili nei diversi Sud, ma anche i Paesi dotati delle **economie più industrializzate e ricche**.

Numerosi sono i fattori che hanno contribuito alla sua manifestazione e gli effetti negativi da essa generati. Il più evidente e più importante è l'**aumento dei prezzi al consumo dei beni alimentari**, che secondo la FAO è stato in media del 40% nel 2007 e ha colpito principalmente mais, riso e grano, ovvero alcuni tra i cereali più diffusi nei Paesi in via di sviluppo.

Tale impennata dei prezzi, derivante dall'aumento del costo sia del petrolio sia, di conseguenza, delle attività di produzione e di trasporto dei beni, ha esasperato le fasce più povere della popolazione al punto che numerose rivolte – "del pane", "della farina", "della fame" o "contro il carovita" – hanno punteggiato il reticolato geografico dalla Thailandia all'Egitto, dalla Bulgaria al Camerun, dal Burkina Faso alle Filippine.

Secondo la Banca Mondiale sono almeno 33 i Paesi a rischio di sommosse sociali e scioperi per l'aumento dei prezzi delle materie prime agricole. Si tratta di Paesi in cui il 60-90% del reddito familiare viene speso per l'acquisto di cibo. Negli Stati Uniti, persino la popolazione più povera non investe più del 16% del proprio reddito per nutrirsi.

Come risultato degli aumenti subiti dai prezzi di questi beni, i Paesi più poveri e indebitati hanno visto crescere del 25% la spesa per le importazioni di alimenti e molti governi sono ricorsi a forme di controllo sui prezzi o a tasse sulle esportazioni agricole per limitare i danni a carico dei più poveri.

Un ulteriore elemento connesso alla crisi alimentare è l'**espansione delle colture destinate alla produzione di agrocarburanti** e delle speculazioni agricole biotecnologiche.

Dal 2005, come conseguenza dell'aumento del prezzo del petrolio, negli Stati Uniti è cresciuta in modo cospicuo la produzione di mais da etanolo; supportati da incentivi statali, infatti, molti agricoltori hanno convertito le proprie coltivazioni in campi di mais da utilizzare per la produzione di agrocarburanti, la cui introduzione voleva essere una risposta al fabbisogno energetico statunitense e aveva inoltre l'obiettivo di ridurre le emissioni di gas serra.

I risultati sono, però, tutt'altro che promettenti: il contributo del bioetanolo alla domanda di energia è del tutto marginale e il suo utilizzo al posto dei combustibili tradizionali comporta solo una piccola riduzione delle emissioni di gas serra. Da molte parti, inoltre, si levano critiche sulla reale efficienza degli agrocarburanti, accusati di richiedere, per la loro produzione, più energia di quanta ne riescano a fornire all'utilizzatore finale.

Le conseguenze più gravi dell'incremento della produzione di biocombustibili hanno riguardato però la contemporanea diminuzione dell'offerta di mais alimentare, il cui prezzo ha registrato un aumento importante.

Il **calcolo del peso ecologico** (sinonimo di impronta ecologica) diventa ancora più negativo, se l'aumento della produzione va a detrimento di foreste e pascoli, cancellati per far posto alle coltivazioni.

Anche la presenza massiccia di Cina e India sul mercato internazionale e la conseguente crescita delle borghesie di questi Paesi ha portato a una **crescita dei consumi di proteine animali**, che richiedono l'impiego di grandi quantità di cereali per la loro produzione. Il soddisfacimento della nuova domanda di cereali implica l'espansione di monocolture intensive che non sempre tengono conto dei territori e degli abitanti, poiché sottraggono terreni fertili all'agricoltura familiare, impoveriscono i suoli e sono causa di deforestazione, conflitti per l'acqua e perdita di biodiversità. A sostenerne le spese più pesanti sono le popolazioni e i territori più vulnerabili, i piccoli contadini dell'America Latina, dell'Africa e dell'Asia dove il cibo rappresenta il capitolo di spesa più consistente dell'economia domestica.

Anche a partire dalla colza si possono produrre biocarburanti.

L'Indice Globale della Fame

Da qualche anno l'International Food Policy Institute elabora l'Indice Globale della Fame (Global Hunger Index, GHI), uno dei più autorevoli rapporti sullo stato della sicurezza alimentare nel mondo. Il Rapporto 2009 mostra come i progressi nella riduzione della fame siano lenti in tutto il mondo. Il GHI 2009 è diminuito di solo un quarto rispetto a quello del 1990. Sud-est asiatico, Vicino Oriente, Nord Africa, America Latina e Caraibi hanno ridotto significativamente la denutrizione rispetto al 1990, ma il GHI rimane alto in modo desolante in Asia meridionale, dove pure si sono registrati dei progressi rispetto al 1990, e nell'Africa subsahariana, dove invece i progressi sono stati marginali.

Alcuni Paesi hanno fatto notevoli avanzamenti nel miglioramento del loro GHI. I miglioramenti più ampi in percentuale tra il GHI 1990 e il GHI 2009 si sono verificati in Kuwait, Tunisia, Figi, Malaysia e Turchia. Angola, Etiopia, Ghana, Nicaragua e Viet Nam hanno visto il maggior miglioramento in termini assoluti del proprio valore di GHI.

Ciononostante, 29 Paesi presentano livelli di denutrizione classificati come allarmanti o estremamente allarmanti. I Paesi con il più alto valore di GHI nel 2009 sono Burundi, Ciad, Repubblica Democratica del Congo, Eritrea, Etiopia e Sierra Leone. Nella maggior parte dei Paesi con valori elevati di GHI, guerra e conflitti armati hanno originato una diffusa povertà e insicurezza alimentare. Praticamente tutti i Paesi in cui il GHI è aumentato rispetto al 1990 si trovano nell'Africa subsahariana.

Le attuali crisi alimentare e finanziaria, collegate tra loro in modo complesso, avranno entrambe implicazioni sulla sicurezza alimentare, la stabilità finanziaria ed economica e la sicurezza politica. L'impatto sarà più forte sulle popolazioni povere e denutrite, e i Paesi con i più alti livelli di denutrizione risultano anche i più vulnerabili alla crisi mondiale.

Anche se le popolazioni povere e denutrite sono in genere le più colpite dalle crisi alimentari e finanziarie, l'esatto impatto a livello familiare differisce profondamente. Una parte importante della soluzione alla fame nel mondo è la riduzione della disuguaglianza di genere. Il Rapporto mette a confronto il GHI 2009 con l'Indice della Disparità di Genere evidenziando come alti livelli di denutrizione vanno associati a bassi livelli di alfabetizzazione femminile e di accesso all'istruzione per le donne. Alti livelli di denutrizione sono anche collegati con le disparità tra uomini e donne in materia di salute e sopravvivenza. Ridurre le disparità di genere in settori chiave, soprattutto in ambito di istruzione e salute, è pertanto essenziale per diminuire i livelli di denutrizione.

Tratto da: *La sfida della fame 2009*, edizione italiana a cura di V. Melgari e S. Piziali

Per ulteriori informazioni su Via Campesina è possibile consultare il sito Internet http://viacampesina.org/main_sp/

La sovranità alimentare

Alla luce di questi eventi, il tema della sovranità alimentare ha avuto uno sviluppo e una diffusione rapidi, coinvolgendo non solo le organizzazioni contadine, ma tutto il sistema sociale – organizzazioni di pescatori, allevatori e pastori, popolazioni indigene, organizzazioni non governative e della società civile – che lo alimenta attraverso movimenti, conferenze, forum e dichiarazioni.

Il concetto nacque nei primi anni '90 in seno a **Via Campesina**, il "movimento internazionale di contadini e contadine, piccoli e medi produttori, donne rurali, indigeni, popoli senza terra, giovani rurali e lavoratori agricoli" che discute e promuove alternative per il raggiungimento della sovranità alimentare (*vedi p. 87*) .

Nel 1996, al Vertice mondiale sull'alimentazione di Roma, il movimento Via Campesina lanciò ufficialmente il proprio programma d'azione attraverso la nota *Dichiarazione sulla sovranità alimentare dei popoli*, in cui si legge che "la sovranità alimentare è il diritto di ogni popolo a definire le proprie politiche agroalimentari, a proteggere la propria produzione agro-pastorale e il proprio mercato nazionale, al fine di raggiungere obiettivi di sviluppo sostenibile; a decidere in che misura desiderano essere autosufficienti; a impedire che i propri mercati vengano invasi dalle eccedenze della produzione alimentare di altri Paesi, immessi sul mercato internazionale attraverso la pratica del **dumping**. La sovranità alimentare non nega il commercio internazionale, ma difende l'opzione di ciascun Paese di mettere in campo politiche e pratiche commerciali che meglio servano il diritto della popolazione a disporre di metodi di produzione e prodotti alimentari sani, nutrienti ed ecologicamente sostenibili".

Tra i Forum sulla sovranità alimentare che si sono tenuti nel corso degli ultimi anni, ricordiamo quello di L'Avana (Cuba) del 2001 e l'incontro di Sélingué (Mali) del 2007 – durante il quale è stata pronunciata la strategica dichiarazione di Nyeleni (*vedi la scheda nella pagina a fianco*) – entrambi voluti dalle organizzazioni contadine; il forum di Roma del 2002, è stato invece promosso da organizzazioni non governative e della società civile.

Dumping significa ufficialmente che un'azienda vende beni o servizi su un mercato straniero (mercato d'importazione) a un prezzo inferiore a quello che lo stesso bene o servizio ha sul mercato interno (mercato di esportazione); concretamente significa "concorrenza sleale" ed è una pratica diffusa nei rapporti economici tra Paesi industrializzati e Paesi in via di sviluppo.

La sovranità alimentare come soluzione

Per intervenire efficacemente nella lotta alla fame e per la sicurezza alimentare la soluzione esiste ed è la sovranità alimentare: il diritto di tutti i popoli di decidere la propria politica agricola e alimentare. Per farla funzionare, è necessario operare a più livelli.

• Garantire, attraverso politiche di mercato adeguate, una giusta remunerazione per tutti gli agricoltori e una equa e giusta distribuzione della ricchezza lungo tutta la filiera di produzione; proteggere i mercati nazionali dai prodotti importati a basso prezzo; regolare la produzione nel mercato interno al fine di evitare l'accumulo di eccedenze; abolire gli appoggi diretti e indiretti alle esportazioni e i sussidi alla produzione nazionale che promuovano sistemi agricoli insostenibili; appoggiare pratiche agricole sostenibili e programmi di riforme agrarie.

• Favorire il rispetto dell'ambiente e la qualità e la sicurezza degli alimenti: controllare adeguatamente la proliferazione di epidemie e malattie, garantendo nello stesso tempo la sicurezza e la non nocività degli alimenti; fissare criteri di qualità degli alimenti adeguati alle preferenze e necessità della gente; stabilire meccanismi nazionali di controllo di qualità degli alimenti, in modo che seguano giuste regole ambientali, sociali e sanitarie.

• Garantire l'accesso alle risorse produttive, riconoscendo e facendo valere i diritti giuridici e le consuetudini delle comunità sulle decisioni riguardo l'uso delle risorse locali e tradizionali, anche quando non abbiano ancora goduto di quei privilegi giuridici precedentemente; garantire l'accesso equo alla terra, alle sementi, all'acqua, al credito e altre risorse produttive; proibire ogni forma di sperimentazione su esseri viventi e la appropriazione di conoscenze associate all'agricoltura (la salute) e all'alimentazione mediante l'utilizzo della proprietà intellettuale.

• Sviluppare sistemi agroalimentari sostenibili e in grado di favorire i consumi tramite i mercati locali e la diffusione di prodotti a filiera corta e "chilometro zero".

• Proibire la produzione e commercializzazione di sementi, alimenti e prodotti geneticamente modificati, così come qualunque prodotto affine.

• Imporre la trasparenza dell'informazione e leggi anti monopolio tramite la garanzia dell'etichettatura chiara e precisa degli alimenti per il consumo umano e animale, basata sul diritto dei consumatori e agricoltori di conoscere l'origine e i contenuti di quei prodotti; fissare norme obbligatorie per tutte le imprese, che garantiscano trasparenza, responsabilità pubblica, rispetto dei diritti umani e delle norme ambientali; stabilire leggi per bloccare la formazione di monopoli industriali nei settori agricolo e alimentare.

Per queste ragioni il cibo, la terra e le persone devono tornare al centro dell'attenzione e le politiche pubbliche devono avere la funzione di tutelare le persone in quanto produttori e consumatori e difendere la terra. Intorno al cibo si gioca una battaglia di civiltà enorme: come verranno gestite le risorse naturali (per esempio l'acqua che per il 70% soddisfa bisogni agricoli), il valore che il lavoro nei campi assumerà, la sostenibilità del settore primario in termini energetici e ambientali, la difesa delle colture e delle culture tradizionali, della terra e della biodiversità soprattutto nei territori indigeni e nelle riserve naturali, il ruolo dei governi e di tutti gli attori internazionali. La difesa del cibo è un modo di proteggere l'uomo e la donna. Rimettere questi elementi al centro significa dare futuro alle persone, anche e soprattutto a quelle che vivono nei Paesi già colpiti da un impoverimento crescente come abbiamo immaginato all'inizio di questo articolo. Dal cibo passano le sorti della democrazia che è una questione di sovranità dei popoli e non di pochi. Sovranità alimentare, appunto.

Tratto da: V. Sodano, *La crisi alimentare del 2008*, www.manitese.it

Dichiarazione di Nyeleni – Forum mondiale sulla sovranità alimentare, 2007

Noi, più di 500 rappresentanti di più di 80 Paesi, di organizzazioni di contadini e contadine, famiglie di agricoltori, pescatori tradizionali, popoli indigeni, popoli senza terra, lavoratori rurali, migranti, pastori, comunità delle foreste, donne, bambini, giovani, consumatori, movimenti ecologisti e urbani, ci siamo riuniti a Nyeleni in Sélingué (Mali), per rafforzare il movimento globale per la sovranità alimentare. [...] Abbiamo dato al nostro lavoro il nome di "Nyeleni", come omaggio alla leggendaria contadina del Mali che coltivò il cibo e alimentò la sua gente.

Nella maggior parte siamo produttori e produttrici di cibo e siamo pronti, capaci e determinati ad alimentare tutti i popoli del mondo.

La nostra sopravvivenza come produttori di alimenti è fondamentale per il futuro dell'umanità. È questo, particolarmente, il caso delle donne e dei popoli indigeni che sono creatori di conoscenze ancestrali sugli alimenti e l'agricoltura e che sono sottovalutati.

Questa sopravvivenza e questa capacità di produrre alimenti nutrienti, di qualità e in abbondanza, si vede minacciata e soffocata dal neoliberismo e dal capitalismo globale. [...]

La sovranità alimentare è il diritto dei popoli ad alimenti nutritivi e culturalmente adeguati, prodotti in maniera sostenibile ed ecologica; è il loro diritto a decidere il proprio sistema alimentare e produttivo. Pone chi produce, distribuisce e consuma alimenti nel cuore dei sistemi e delle politiche alimentari, sopra gli interessi dei mercati e delle imprese. Difende gli interessi delle future generazioni. Ci offre una strategia per resistere e smantellare la liberalizzazione e la corporativizzazione del commercio e l'attuale regime alimentare e per condurre i sistemi alimentari, agricoli, pastorali e della pesca verso la gestione dei produttori e delle produttrici locali.

La sovranità alimentare dà priorità alle economie locali ed ai mercati locali e nazionali, restituisce il potere ai contadini e all'agricoltura familiare, la pesca artigianale e la pastorizia tradizionale, e colloca la produzione alimentare sulla base della sostenibilità ambientale, sociale ed economica.

La sovranità alimentare promuove la trasparenza del commercio, che garantisce guadagni degni per tutti i popoli insieme ai diritti dei consumatori di controllare la propria alimentazione e nutrizione.

Garantisce che i diritti di accesso alla gestione della nostra terra, dei nostri territori, delle nostre acque, dei nostri semi, dei nostri allevamenti e la biodiversità, stiano nelle mani di chi produce gli alimenti. [...]

Per cosa lottiamo?

Per un mondo nel quale...

... tutti i popoli, gli stati e le nazioni possano decidere i propri sistemi alimentari e politici che distribuiscano a ognuno di noi alimenti di qualità, adeguati, accessibili, nutrienti e culturalmente appropriati;

... si riconoscano e rispettino i diritti e il ruolo delle donne nella produzione di alimenti e la presenza delle donne in tutti gli organismi in cui si prendano decisioni;

... tutti i popoli dei nostri paesi possano vivere con dignità del proprio lavoro e possano avere l'opportunità di vivere nel proprio luogo di origine;

... la sovranità alimentare sia considerata un diritto umano di base, riconosciuto e rispettato dalle comunità, i popoli, gli stati e le istituzioni trasnazionali;

... sia possibile conservare e valorizzare il nostro ambito rurale, le zone di pesca, gli insediamenti e gli alimenti tradizionali, basandosi sulla gestione sostenibile della terra, del suolo, dell'acqua, dei semi, dell'allevamento e della biodiversità;

... sia valorizzata, riconosciuta e rispettata la diversità dei nostri saperi, del nostro cibo, delle nostre lingue e culture tradizionali e il modo in cui ci organizziamo ed esprimiamo;

... esista una vera riforma agraria integrale che garantisca ai contadini pieni diritti sulla terra, difenda e valorizzi i territori dei popoli indigeni, garantisca alle comunità pescatrici l'accesso e il controllo delle zone di pesca e degli ecosistemi, che riconosca l'accesso e il controllo della terra e dei percorsi di pascolo, garantisca lavoro degno con salari giusti e diritti per tutti i lavoratori, un futuro per i giovani delle campagne, in cui le riforme agrarie rivitalizzino la relazione fra produttori e consumatori, garantiscano la sopravvivenza delle comunità, la giustizia economica e sociale, la sostenibilità ecologica e il rispetto dell'autonomia locale e il governo con parità di diritti fra donne e uomini... dove si garantisca il diritto dei territori all'autodeterminazione dei nostri paesi e villaggi. [...]

Che cosa possiamo fare e faremo?

[...] Ci impegniamo a costruire il nostro movimento collettivo per la sovranità alimentare, formando alleanze, appoggiando le nostre differenti lotte e facendo in modo che la nostra solidarietà, la forza e creatività collettiva arrivino ai popoli di tutto il mondo che si impegnano per la sovranità alimentare.

L'obesità nel Nord e nel Sud del mondo

Uno dei modi più immediati per comprendere gli squilibri che esistono nel nostro pianeta è quello di confrontare il miliardo di persone che non può raggiungere la soglia minima per una nutrizione sufficiente a una vita sana, alle centinaia di milioni di persone malate perché mangiano troppo e male.

Le persone obese, infatti, non solo possono avere maggiori difficoltà nella vita quotidiana, ma sono maggiormente a rischio di contrarre malattie come il diabete, problemi al sistema cardiovascolare e persino alcuni tipi di cancro.

Il fenomeno dell'obesità cresce in modo preoccupante in tutto il mondo: nel 2005 l'Organizzazione Mondiale della Sanità (OMS) ha stimato che nel mondo ci fossero **1,6 miliardi di adulti sovrappeso** e **400 milioni di adulti obesi** e che tali cifre fossero destinate a crescere vistosamente negli anni successivi (2,3 miliardi di adulti sovrappeso e 700 milioni di adulti obesi nel 2015).

Nelle società ricche il fenomeno è molto evidente ed è connesso con la diffusione di modelli di alimentazione e di vita costruiti attorno alla **rapidità dei pasti**, al consumo di **prodotti economici**, ma di **qualità incerta** e a una **scarsa attività fisica**. In particolare, una causa diretta dell'aumento dei casi di obesità è costituita dalla diffusione di alimenti ricchi di grassi e zuccheri e poveri di vitamine e sali minerali.

Un dato importante e apparentemente insolito è costituito dal fatto che il numero di persone obese sta aumentando anche nei Paesi poveri e in quelli in via di sviluppo, soprattutto nelle classi medie e alte dei centri urbani. In queste aree il fenomeno è dovuto anche alla combinazione di un'alimentazione inadeguata durante la fase della crescita, con una dieta ricca di grassi nell'età adulta.

Questi dati mostrano come sia fondamentale tenere conto non solo della quantità di cibo ingerito, ma anche e soprattutto della qualità degli alimenti e del tipo di vita che si conduce. Un cattivo rapporto con il cibo può essere infatti alla radice di problemi anche opposti all'obesità, ma altrettanto gravi, come l'anoressia, in grande crescita soprattutto nelle società ricche.

Le campagne a favore della riduzione dell'obesità promosse dall'OMS, dunque, mirano non tanto a incoraggiare una diminuzione della quantità di cibo consumato, quanto piuttosto a sensibilizzare le persone riguardo la qualità degli alimenti, sconsigliando il consumo di quelli che contengono molti grassi, soprattutto saturi, e zuccheri e caldeggiando invece il consumo di frutta e verdura e la pratica di un'attività fisica costante.

Indice di Massa corporea Secondo l'Organizzazione Mondiale della Sanità, un modo rapido ed efficace per comprendere se una persona è obesa o sovrappeso è il calcolo dell'Indice di Massa Corporea, cioè il rapporto tra il peso (in kg) e il quadrato dell'altezza (in metri). Valori superiori a 30 indicano generalmente situazioni di obesità, superiori a 25, condizioni di sovrappeso.

Un locale McDonald's in Thailandia.

Il Manifesto Slow Food...

Slow Food è un'associazione nata a Bra, in provincia di Cuneo, nel 1986, con lo scopo di promuovere il diritto a vivere il pasto e il mondo dell'enogastronomia come un piacere.

Il 9 novembre 1989, Slow Food divenne un'associazione internazionale che si adopera per "educare al gusto, all'alimentazione, alle scienze gastronomiche; salvaguardare la biodiversità e le produzioni alimentari tradizionali ad essa collegate: le culture del cibo che rispettano gli ecosistemi, il piacere del cibo e la qualità della vita per gli uomini; promuovere un nuovo modello alimentare, rispettoso dell'ambiente, delle tradizioni e delle identità culturali, capace di avvicinare i consumatori al mondo della produzione, creando una rete virtuosa di relazioni internazionali e una maggior condivisione di saperi."

Questo nostro secolo, nato e cresciuto sotto il segno della civiltà industriale, ha prima inventato la macchina e poi ne ha fatto il proprio modello di vita.

La velocità è diventata la nostra catena, tutti siamo in preda allo stesso virus: la Fast Life, che sconvolge le nostre abitudini, ci assale fin nelle nostre case, ci rinchiude a nutrirci nei Fast Food.

Ma l'uomo sapiens deve recuperare la sua saggezza e liberarsi dalla velocità che può ridurlo a una specie in via d'estinzione.

Perciò, contro la follia universale della Fast Life, bisogna scegliere la difesa del tranquillo piacere materiale.

Contro coloro, e sono i più, che confondono l'efficienza con la frenesia, proponiamo il vaccino di un'adeguata porzione di piaceri sensuali assicurati, da praticarsi in lento e prolungato godimento.

Iniziamo proprio a tavola con lo Slow Food, contro l'appiattimento del Fast Food riscopriamo la ricchezza e gli aromi delle cucine locali.

Se la Fast Life in nome della produttività ha modificato la nostra vita e minaccia l'ambiente e il paesaggio, lo Slow Food è oggi la risposta d'avanguardia.

È qui, nello sviluppo del gusto e non nel suo immiserimento, la vera cultura, di qui può iniziare il progresso, con lo scambio internazionale di storie, conoscenze, progetti. Lo Slow Food assicura un avvenire migliore.

Lo Slow Food è un'idea che ha bisogno di molti sostenitori qualificati, per fare diventare questo moto (lento) un movimento internazionale, di cui la chiocciolina è il simbolo.

Slow Food Miami

... e la Fast Food Nation

Dopo anni di ricerche sul campo dell'industria del fast food, nel 2001 il giornalista statunitense Eric Schlosser pubblicò il romanzo *Fast Food Nation*, che divenne un simbolo della controcultura americana. Nel suo testo, un aperto atto d'accusa nei confronti delle multinazionali della ristorazione rapida, l'autore percorre un viaggio alla scoperta dell'hamburger servito dalle più note catene di *fast food*. Il libro si presenta così: "perché mangiare in un *fast food* è così economico? Perché i panini hanno tutti lo stesso retrogusto? Come si realizza una patatina fritta perfetta? Dalla Cina al Brasile, da Tahiti alla Germania, ovunque campeggiano le insegne dei *fast food*. I ristoranti sono luminosi, il servizio è rapido, i bambini possono giocare e portarsi a casa dei regali: dov'è il trucco?".

La narrazione conduce il lettore in laboratori in cui vengono ricreati artificialmente sapori e odori (da quello della carne grigliata a quello delle fragole fresche), in mattatoi in cui non vengono rispettate le condizioni di sicurezza, nei luoghi di provenienza delle carni, descrivendo il ruolo che l'industria del *fast food* ha avuto nella trasformazione, non solo della nostra dieta, ma del paesaggio, dell'economia, della forza lavoro e della cultura.

Nel 2006, dal libro è stato tratto l'omonimo film (per la regia di Richard Linklater) nel quale le storie di tre personaggi si intrecciano per raccontare l'universo dei mattatoi e del marketing alimentare e le conseguenze sociali e per la salute dell'industria del cibo rapido.

Il film di Linklater ha un predecessore, ovvero *Super Size Me* (2004) di Morgan Spurlock, un film documentario che segue l'esperimento portato avanti dal regista stesso: per un mese Spurlock ha consumato i propri pasti (tre volte al giorno) unicamente nei punti vendita di una grande catena di *fast food*, allo scopo di dimostrare così quali danni può causare alla salute umana un'alimentazione di questo tipo.

La copertina del libro Fast Food Nation.

Domande e attività

1. Dimezzare il numero di persone denutrite

Osserva la tabella riguardo all'evoluzione della percentuale di persone denutrite presenti nelle varie regioni del mondo e rispondi alle domande.

a. Quali sono le regioni nelle quali sono stati fatti i maggiori progressi?

....

....

b. Quali sono le situazioni più critiche?

....

....

c. Utilizzando anche le letture precedenti, prova a spiegarne i motivi.

....

....

....

PERCENTUALE DI PERSONE DENUTRITE SUL TOTALE DELLA POPOLAZIONE

	1990-92	2004-06	2008
Mondo	16	13	14
Paesi in via di sviluppo	20	16	17
Paesi ricchi	<5	<5	<5
Africa settentrionale	<5	<5	<5
Africa subsahariana	32	28	29
America latina e Caraibi	12	8	8
Asia orientale	15	10	10
Asia orientale (Cina esclusa)	8	12	13
Asia meridionale	24	22	21
Asia sud-orientale	24	15	15
Asia occidentale	6	8	8
Oceania	12	13	15

Fonte: ONU, *Millennium Development Goals Report*, 2009

2. La crisi alimentare globale

Osserva i dati sull'importazione e l'esportazione di cereali nel mondo e rispondi alle domande.

I PRIMI 20 PAESI IMPORTATORI DI CEREALI (2007)

		Tonnellate
1	Giappone	25 545 846
2	Messico	13 958 345
3	Spagna	12 613 392
4	Corea del Sud	12 223 991
5	Paesi Bassi	11 200 635
6	Egitto	10 509 216
7	Italia	9 996 965
8	Arabia Saudita	9 987 474
9	Brasile	9 608 798
10	Cina	7 691 340
11	Algeria	7 283 009
12	Belgio	7 121 696
13	Germania	6 767 121
14	USA	6 151 947
15	Marocco	6 149 544
16	Malaysia	5 702 781
17	Indonesia	5 542 922
18	Colombia	5 091 093
19	Iran	4 708 601
20	Filippine	4 705 499

Fonte: FAO

I PRIMI 20 PAESI ESPORTATORI DI CEREALI (2007)

		Tonnellate
1	USA	99 980 893
2	Argentina	27 931 452
3	Francia	25 591 536
4	Canada	22 784 159
5	Australia	17 066 388
6	Russia	16 938 305
7	Brasile	11 469 716
8	Cina	10 139 046
9	India	9 722 783
10	Germania	9 686 846
11	Thailandia	9 624 487
12	Kazakistan	8 901 363
13	Ungheria	7 108 438
14	Ucraina	5 117 071
15	Vietnam	4 558 197
16	Pakistan	4 309 986
17	Belgio	2 839 729
18	Regno Unito	2 688 237
19	Paraguay	2 463 666
20	Spagna	2 157 154
25	Italia	1 338 694

a. Individua su una carta gli Stati citati.

- Quali aree del pianeta importano e quali esportano più cereali?

....

....

b. Nelle due tabelle non sono riportati i Paesi dell'Africa subsahariana. Secondo te per quali ragioni?

....

....

....

c. Leggi la scheda nella pagina a fianco. Quali sono, secondo l'autore, le cause dell'insicurezza alimentarein Africa?

....

....

....

....

....

....

L'insicurezza alimentare in Africa, un problema di tutti

Con risorse costituite dall'80% del platino del mondo, l'80% del manganese, il 57% dei diamanti, il 34% dell'oro, il 23% della bauxite, il 18% dell'uranio, il 9% del petrolio, l'8% del gas, l'Africa è essenziale nello sviluppo economico del pianeta. Tuttavia questo potenziale minerario ed energetico non diventerà realtà, se non sarà messo al servizio dell'emancipazione economica delle sue popolazioni, se l'Africa non si libera dal giogo della fame e della denutrizione. [...]

La sicurezza alimentare è indispensabile a ridurre la povertà, all'educazione dell'infanzia, alla salute della popolazione e alla sicurezza del mondo, ma anche a una crescita economica duratura. Essa condiziona la stabilità e la sicurezza del mondo. Nel periodo delle "rivolte della fame" in 22 Paesi di tutti i continenti, nel 2007 e 2008, la stabilità dei governi è stata fatta vacillare. Tutti hanno potuto rendersi conto che l'alimentazione è anche un fattore essenziale della sicurezza globale.

Nel 1996, il Vertice mondiale sull'alimentazione, organizzato dalla FAO, ha preso l'impegno solenne di dimezzare la fame e la sottoalimentazione nel mondo. Questo impegno è stato confermato, nel 2000, dal Vertice del Millennio, dal Vertice mondiale sull'alimentazione, cinque anni dopo, nel 2002, e dalla Conferenza della FAO sulla Sicurezza alimentare mondiale, nel 2008.

Sfortunatamente i dati più recenti raccolti dalla FAO sulla fame e la malnutrizione nel mondo mostrano che la situazione attuale è ancora più inquietante che nel 1996. L'insicurezza è aumentata ovunque nel mondo nel corso degli ultimi tre anni, a causa della crisi mondiale del 2007-2008, indotta dall'impennata dei prezzi delle derrate alimentari e acuita dalla crisi finanziaria ed economica che affligge il mondo da oltre un anno. Tutte le regioni del pianeta ne sono state colpite.

Per la prima volta nella storia dell'umanità il numero delle persone che soffre la fame ha raggiunto il miliardo, ovvero il 15% della popolazione mondiale.

In Africa, nonostante gli importanti progressi realizzati in numerosi Paesi, lo stato di insicurezza alimentare è molto preoccupante. Il continente conta attualmente 271 milioni di persone denutrite, ovvero il 24% della popolazione, con un aumento del 12% rispetto all'anno precedente. Inoltre, dei 30 Paesi al mondo in stato di crisi alimentare che attualmente hanno bisogno di un aiuto urgente, 22 si trovano in Africa.

I risultati ottenuti dall'agricoltura africana negli ultimi decenni sono stati insufficienti. L'incremento della produzione agricola (2,6% all'anno fra il 1970 e il 2007) è stato uguale a quello della popolazione (2,7% nello stesso periodo) e dunque non ha aumentato le disponibilità alimentari medie per persona. Eppure l'agricoltura rappresenta l'11% delle esportazioni, il 17% del PIL del continente e, soprattutto, il 57% dei posti di lavoro. Essa resta un settore economico essenziale e un fattore di equilibrio sociale senza equivalenti. [...]

Conviene dire e ridire che è impossibile sconfiggere la fame e la povertà in Africa senza aumentare la produttività agricola, poiché l'estensione delle superfici comincia a trovare dei limiti per l'impatto della deforestazione. L'Africa ha bisogno di modernizzare i suoi mezzi e le sue infrastrutture di produzione. Vengono utilizzati solamente 16 kg di concime per ettaro di terra arabile contro i 194 kg in Asia e i 152 in America del Sud. Questo rapporto è ancora più basso nell'Africa subsahariana con soli 5 kg per ettaro. L'uso di sementi selezionate, che hanno determinato il successo della "rivoluzione verde" in Asia, è in Africa molto scarso. Solo un terzo delle sementi è sottoposto a un sistema di controllo della qualità.

Nel continente c'è grande carenza di infrastrutture di trasporto, mezzi di stoccaggio e di condizionamento. Le strade in zone rurali sono al livello dell'India agli inizi degli anni Settanta. Le perdite di raccolto raggiungono per alcuni prodotti agricoli percentuali dal 40 al 60%.

In Africa solo il 7% delle terre arabili è irrigato contro il 38% in Asia. Tale tasso scende al 4% nell'Africa subsahariana, dove, nel 93% delle terre, la vita – dovrei dire la sopravvivenza – delle popolazioni dipende dalla pioggia, fattore sempre più aleatorio per il riscaldamento climatico. Eppure il continente non utilizza che il 4% delle sue riserve di acqua contro il 20% dell'Asia. [...]

Ma non possiamo raggiungere i nostri obiettivi senza sufficienti risorse economiche. Infatti, il problema dell'insicurezza alimentare è, prima di tutto, una questione di mobilitazione al più alto livello politico, affinché le risorse economiche necessarie siano disponibili. È una questione di priorità di fronte ai bisogni umani più fondamentali. È bene ricordare che ogni anno gli aiuti all'agricoltura dei Paesi dell'OCSE raggiungono i 365 miliardi di dollari USA, mentre le spese per gli armamenti nel mondo sono di 1340 miliardi di dollari USA all'anno. [...] Ciò che oggi constatiamo è il risultato di scelte effettuate sulla base di motivazioni materialistiche a scapito di quelle etiche. Ne conseguono condizioni di vita ingiuste e un mondo ineguale dove un numero ristretto di persone diventa sempre più ricco, mentre la grande maggioranza della popolazione diventa sempre più povera.

Tratto dall'intervento di J. Diouf, Direttore generale della FAO, al Sinodo dei Vescovi per l'Africa, 13 ottobre 2009

In Africa vengono spesso utilizzate tecniche di coltivazione tradizionali che hanno una bassissima produttività. Nella foto si vede un contadino al lavoro nei pressi di Luxor, in Egitto.

3. Il diritto al cibo

Nelle pagine relative al primo Obiettivo di Sviluppo del Millennio, la parola cibo – consumo, produzione e distribuzione – ha consentito una riflessione sulle incongruenze e inefficienze del sistema agroalimentare globale.

Le immagini qui sotto riportate sono tratte dal libro di Peter Menzel e Faith D'Aluisio, *Hungry Planet: What the World Eats*, 2005. Si tratta di un reportage fotografico che ha per oggetto 30 famiglie di 24 Paesi e i relativi consumi alimentari; attraverso le immagini vengono messe in luce le contraddizioni della globalizzazione del cibo: passando dalle tavole imbandite di prodotti delle multinazionali o junk food ai sacchi di cereali e prodotti freschi, si evincono le diverse diete alimentari (e quindi gli eventuali problemi socio-sanitari), le tipologie di consumi, gli stili di vita e i problemi legati allo smaltimento dei rifiuti, oltre al problema del diritto, non sempre garantito, di accedere a cibi sani e nutrienti. Nelle foto sono esposti gli alimenti consumati da queste famiglie nell'arco di una settimana.

La famiglia Mendoza di Todos Santos Cuchumatán, in Guatemala, spende per il cibo di una settimana 580 quetzales (l'equivalente di circa 70 dollari USA).

La famiglia Revis di Raleigh, nel Nord Carolina (USA) spende per il cibo di una settimana circa 340 dollari USA.

La famiglia Natomos di Kouakourou, in Mali, spende per il cibo di una settimana circa 11 600 Franchi CFA, l'equivalente di 26 dollari USA.

La famiglia Le Moines di Montreuil, in Francia, spende per il cibo di una settimana 315 euro, cioè circa 470 dollari USA.

a. Prova a fare delle ipotesi sull'impronta ecologica di ognuna di queste famiglie (*vedi p.8-11*). Quale ritieni essere la famiglia più sostenibile?

b. Quali possono essere le ripercussioni a livello globale delle nostre abitudini alimentari?

E Obiettivi 2 e 3 – Raggiungere l'istruzione primaria universale e promuovere l'uguaglianza tra i sessi

Ovunque vivano, bambini e bambine dovrebbero essere messi nelle condizioni di completare il ciclo di istruzione primaria. Il secondo Obiettivo del Millennio mira a soddisfare questa necessità, mentre il terzo è finalizzato alla promozione dell'uguaglianza di genere, in particolare nell'accesso a istruzione e educazione, e al conferimento di potere e responsabilità alle donne.

L'accesso universale all'istruzione primaria

Il secondo Obiettivo del Millennio si propone di garantire entro il 2015 l'accesso universale all'istruzione primaria, cioè assicurare che ovunque i bambini, sia maschi che femmine, possano portare a termine il ciclo di studi primario. Poiché il tasso di analfabetismo, cioè la percentuale degli adulti che non sanno né leggere né scrivere, è uno dei fattori più gravi di **sottosviluppo** e di **emarginazione sociale**, è di fondamentale importanza mettere in atto strategie che permettano a tutti i bambini di imparare e leggere e scrivere.

In questo ambito sono stati compiuti importanti passi avanti negli ultimi anni, ma il ritmo di crescita non permetterà il raggiungimento dell'obiettivo nei tempi previsti. Secondo il rapporto dell'Unesco Education for All (2009), se le cose non migliorano in questi anni, nel 2015 ancora 30 milioni di bambini ogni anno saranno privati della possibilità di andare a scuola.

Oggi sono **75 milioni i bambini** (34 milioni maschi e 41 milioni femmine) **che non hanno accesso all'istruzione primaria** e metà di questi si trovano nell'Africa subsahariana e nell'Asia meridionale. L'Africa è però anche una delle aree in cui i progressi sono stati più evidenti: se nel 2000 si registrava un tasso di iscrizione alla scuola primaria del 58%, oggi questo dato è salito al 74%. Ritiri, bocciature e una generalizzata cattiva qualità dell'istruzione fanno però sì che molti di coloro che frequentano la scuola non arrivino a ottenere le condizioni necessarie per un'alfabetizzazione compiuta.

Nelle regioni in via di sviluppo solo l'85% dei ragazzi è alfabetizzato. Le ragazze continuano a essere numericamente inferiori nell'apprendimento sia della lettura sia della scrittura: nei Paesi più poveri, un gran numero di ragazze non completa la scuola primaria e meno del 60% è in grado di leggere e scrivere.

Un elemento chiave nell'accesso universale all'istruzione è la forte differenza che si registra in alcuni Paesi tra il dato relativo ai maschi e quello relativo alle femmine: in un Paese come il Ciad, per esempio, il tasso di alfabetizzazione degli uomini è più di tre volte superiore a quello delle donne. Per questa ragione il secondo obiettivo è strettamente connesso con il terzo, che prevede il sostegno all'uguaglianza di genere e il rafforzamento del ruolo delle donne in ambito sociale (famiglia), economico (lavoro) e politico (istituzioni).

Spesso nei Paesi poveri il raggiungimento dell'istruzione primaria è ostacolato dal lavoro minorile.

L'istruzione per tutti, quasi un fallimento

Quando i sistemi finanziari falliscono le conseguenze sono palesi e i governi agiscono prontamente. Quando invece falliscono i sistemi di educazione, le conseguenze sono meno visibili, ma non meno reali. La disparità di opportunità nell'accesso all'istruzione alimenta infatti la povertà, la fame, la mortalità infantile e riduce le prospettive di crescita economica. Per questo motivo i governi devono agire con un maggiore senso dell'urgenza. Sono le parole con cui K. Matsuura, direttore generale dell'UNESCO, ha presentato un rapporto che documenta il "fallimento" in corso, da parte dei Paesi ricchi, nel diffondere l'educazione primaria a tutte le persone del mondo, fallimento che sta condannando milioni di bambini a vite di povertà e di ridotte opportunità.

Puntando il dito, infatti, su una tragica combinazione di indifferenza, politiche nazionali troppo deboli e sull'incapacità dei Paesi donatori di aiuti nel dare seguito ai propri impegni, il Rapporto di Monitoraggio Globale 2009 *Education For All -Overcoming Inequality: Why Governance Matters* denuncia che le "inaccettabili disparità a livello nazionale e globale in ambito di istruzione stanno minando gli sforzi per raggiungere gli obiettivi di sviluppo internazionale".

Il Rapporto documenta quello che viene definito come un vero e proprio "abisso" nell'opportunità di istruzione che separa i Paesi ricchi da quelli poveri. Viene sottolineato in particolare che:

– nei Paesi in via di sviluppo un bambino su tre (193 milioni in totale) arriva all'età della scuola primaria con uno sviluppo cerebrale e prospettive di istruzione compromesse dalla malnutrizione; cifra, questa, che supera il 40% in alcune zone dell'Asia meridionale. In vari Paesi, poi, la prorompente crescita economica non ha corrisposto alla riduzione della malnutrizione;

– 75 milioni di bambini nell'età della scuola primaria non la frequentano affatto;

– mentre nei Paesi ricchi più di un terzo dei ragazzi arrivano a completare il ciclo di istruzione universitaria, nell'Africa subsahariana una parte ancora minore di essi riesce a terminare la scuola primaria e solo il 5% arriva a frequentare l'università.

Le disparità all'interno dei vari Paesi rispecchiano poi le ineguaglianze globali. Infatti, i bambini all'interno del 20% più povero nelle società di Stati come l'Etiopia, il Mali o la Nigeria hanno tre volte meno probabilità di essere inseriti nella scuola primaria rispetto a quelli appartenenti al 20% più ricco.

E ancora, nel Perú e nelle Filippine i bambini delle classi povere ricevono un'istruzione di cinque anni minore rispetto a quella di cui godono i figli delle famiglie più facoltose. Ma la situazione economica non è l'unico contrassegno dello svantaggio: le bambine e le ragazze sono infatti ancora discriminate nell'accesso all'istruzione, come dimostra l'ampia differenza di iscrizioni a causa del genere ancora persistente in numerosi Paesi dell'Asia meridionale e dell'Africa subsahariana.

Profondamente radicate sono anche le discriminazioni basate sul linguaggio, sulla razza, sull'appartenenza etnica e sulle differenze tra zone urbane e rurali, come in Senegal, dove i bambini delle città hanno il doppio delle possibilità di frequentare la scuola rispetto a quelli delle campagne. [...]

Il Rapporto conclude che il mondo non è affatto "in corsa" per il raggiungimento del secondo Obiettivo di Sviluppo del Millennio, ovvero quello riguardante l'educazione primaria universale da raggiungere entro il 2015.

Stando infatti ad alcune proiezioni ancora parziali, nel 2015 almeno 29 milioni di bambini resteranno ancora esclusi dalla scuola, una cifra, peraltro, sottostimata, in quanto non include gli effetti di conflitti che interessano Paesi quali il Sudan e la Repubblica Democratica del Congo. Inoltre è previsto che sempre nel 2015 la Nigeria avrà 7,6 milioni e il Pakistan 3,7 milioni di bambini fuori del sistema scolastico ("Entrambi questi Paesi – sottolinea il Rapporto – soffrono di una debole governance e di alti livelli di iniquità in ambito finanziario e di risorse"). Nel Pakistan, tra l'altro, si iscrivono a scuola ottanta ragazze ogni cento ragazzi.

E ancora, l'Etiopia e il Burkina Faso nel 2015 avranno più di un milione di bambini al di fuori del sistema scolastico, mentre saranno più di mezzo milione in altri dodici Paesi.

Il Rapporto ammonisce anche sul fatto che le cifre riguardanti i bambini estromessi dalla scuola costituiscono solo un barometro parziale dell'entità di questa sfida: milioni di loro, infatti, iniziano il loro percorso educativo, ma abbandonano gli studi prima di portare a termine la scuola primaria.

Inoltre le valutazioni sull'apprendimento documentano in modo significativo il fallimento dei sistemi scolastici nel fornire un'istruzione di buona qualità, cosicché molti bambini escono dalla scuola senza avere acquisito la più elementare abilità nel leggere, scrivere o "far di conto". [...]

Oltre poi alle attuali inefficienze delle scuole, il Rapporto ne documenta molte altre che guardano "al passato".

Si stima infatti che vi siano ancora 776 milioni di adulti in tutto il mondo che non hanno ricevuto un'alfabetizzazione di base, pari cioè al 16% della popolazione mondiale e due terzi di questi siano donne. Con la tendenza attuale ci saranno quindi, nel 2015, più di 700 milioni di analfabeti!

Tratto da G. Giovinazzo e S. Borgato, *L'istruzione per tutte le persone del mondo è ancora un sogno*, www.superando.it/

Una scuola ad Ainaro (Timor Est).

L'uguaglianza tra i sessi

L'equità nell'istruzione di ragazze e ragazzi

La differenza tra l'alfabetizzazione femminile rispetto a quella maschile è un dato che riguarda soprattutto i Paesi in via di sviluppo: nei Paesi industrializzati, infatti, non si registrano differenze significative nell'alfabetizzazione primaria di maschi e femmine.

Nel Sud del mondo invece il rapporto tra analfabetismo maschile e femminile si attesta intorno al 109%, il che significa che per ogni 100 analfabeti maschi ce ne sono 109 di sesso femminile. Nei Paesi più poveri, tale valore sale a 125%. Per le donne insomma è più difficile accedere all'istruzione di base e questo è un fattore che incide pesantemente sulla loro condizione sociale.

Per molti anni l'istruzione universale è stata ritenuta un lusso anziché un diritto umano: spesso infatti i programmi di sviluppo si sono concentrati più sui risultati economici che sul benessere delle persone e per miopia politica ci si è rivolti al settore dell'istruzione solo raramente.

Privare un bambino della possibilità di istruirsi è una grave violazione di un diritto umano, ma **per una bambina il danno è ancor più pesante** e comporta importanti costi sociali non solo per la bambina stessa, ma per la famiglia, la comunità e il Paese in cui vive. Rispetto ai maschi, le bambine sono più esposte al rischio di contrarre l'AIDS, di essere oggetto dello sfruttamento sessuale e del traffico di minori. Sono più vulnerabili alla povertà e alla fame. Se si negano alle bambine le conoscenze e le competenze sociali che la scuola può offrire loro, questi rischi aumentano e in breve tempo vengono trasmessi anche alla generazione successiva.

Alunne di una scuola musulmana nello Sri Lanka.

Uguaglianza in famiglia, in politica, sul lavoro

Famiglia, politica e lavoro sono i tre ambienti nei quali donne e uomini spendono la maggior parte della loro esistenza: è in essi che si affermano le identità private e pubbliche, i campi di decisione, le premesse per la legittimazione sociale. Famiglia, politica e lavoro, sono però anche diritti inviolabili attraverso i quali le persone sopravvivono, si sviluppano, si emancipano. Nel mondo, essere uomini o donne determina un accesso diversificato a questi diritti, e le differenze sono generalmente a svantaggio delle donne. Il riconoscimento dell'uguaglianza delle donne rappresenta un importante passo nella ridefinizione dei ruoli sociali nella direzione della crescita umana e dello sviluppo sostenibile.

L'**esclusione delle donne dalle decisioni familiari** (spese per la salute, alimentazione, cura dei figli, possibilità di avere una vita sociale ecc.) compromette la crescita della famiglia stessa e soprattutto dei bambini; il basso livello d'istruzione, la giovane età al momento del matrimonio e lo scarso controllo sul reddito e sui beni della famiglia si ripercuotono sulle possibilità decisionali della donna.

L'**esclusione delle donne dalla vita politica** (diritto elettorale passivo, ovvero possibilità di candidarsi ed essere elette), nonché dall'esercizio del diritto elettorale attivo (possibilità di votare), comporta il mancato sviluppo nazionale in direzione di legislazioni più attente alla condizione di donne, bambini e famiglie in termini educativi e sanitari: le donne infatti sono importanti promotrici dell'infanzia e delle questioni legate ai diritti dei bambini e il loro punto di vista dovrebbe avere un ruolo di maggior rilievo nella definizione delle politiche di tutti i Paesi, specialmente in quelli in via di sviluppo.

L'**accesso a una condizione lavorativa dignitosa** per le donne è stata una delle conquiste del Novecento, ma il riconoscimento del lavoro non pagato, l'eliminazione delle pratiche e delle leggi discriminatorie sui diritti di proprietà e di successione, il sostegno per l'assistenza all'infanzia sono battaglie tuttora in corso.

Il raggiungimento di eguali opportunità nella produzione e gestione del reddito costituisce un

L'AIDS ostacola l'istruzione

Gli Obiettivi del Millennio sono tra loro collegati: il raggiungimento di un obiettivo implica il concorso degli altri sui quali ha ricadute positive o negative.

In particolare, il raggiungimento del Sesto Obiettivo che mira a ridurre la diffusione dell'HIV/AIDS e l'incidenza delle altre malattie ha alcune implicazioni sull'accesso universale all'istruzione primaria.

L'epidemia di AIDS che colpisce molte famiglie nei Paesi meno sviluppati incide pesantemente sui sistemi educativi nazionali. I bambini rimasti orfani o con genitori malati e impossibilitati a lavorare sono maggiormente a rischio di abbandono scolastico: tanto più povera è la famiglia, infatti, tanto maggiore è la probabilità che il bambino – e ancor più la bambina – debba rinunciare agli studi per contribuire all'economia domestica. Lo dimostrano, fra l'altro, anche i dati relativi ai tassi di abbandono scolastico registrati fra gli orfani i cui genitori sono morti per AIDS in Paesi come Kenya, India e Costa d'Avorio, che sono assai più alti rispetto a quelli di bambini con entrambi i genitori in vita.

Ciad, campagna pubblicitaria contro l'AIDS.

passo importante per la realizzazione dei diritti delle donne. Le donne spesso lavorano di più, ma guadagnano meno e possiedono minori beni rispetto agli uomini.

Qui di seguito, vengono riportati alcuni dati provenienti dal rapporto UNICEF 2007 (specificamente dedicato all'uguaglianza di genere) sui quali riflettere:

- in molti Paesi dell'Africa sub-sahariana e dell'Asia meridionale, il 50-75% delle donne non decide della propria salute (e di quella dei figli); sono i mariti o i suoceri a prendere le decisioni;
- nei Paesi dove non hanno particolare riconoscimento e status sociale e sono quindi prive di potere decisionale, le donne risultano spesso denutrite e hanno minori possibilità di disporre delle risorse necessarie a nutrire adeguatamente i loro bambini;
- nei Paesi in via di sviluppo, le donne spendono in media 3/4 delle proprie risorse in cibo, mentre gli uomini destinano appena 1/3 del proprio reddito al sostegno alimentare della famiglia (ma molto spesso sono gli uomini a mantenere il controllo esclusivo sulle spese familiari quotidiane);
- a livello mondiale, nel 2006, meno del 17% di tutti i parlamentari erano donne, in un rapporto di circa 1 parlamentare donna ogni 6 parlamentari uomini;
- le donne continuano a subire discriminazioni per quanto riguarda l'accesso alla vita politica: in Asia orientale e Pacifico, Asia meridionale e Africa sub-sahariana più della metà del campione intervistato è convinto che gli uomini siano più adatti delle donne a svolgere un ruolo di leader politico;
- nel 2005, le donne costituivano il 40% della popolazione mondiale economicamente attiva, ma il loro reddito risultava sempre inferiore a quello degli uomini; in Medio Oriente e nell'Africa settentrionale, il reddito stimato delle donne è circa il 30% di quello degli uomini; nell'America Latina e nell'Asia meridionale il 40%; nell'Africa subsahariana il 50%; mentre nell'Europa centro-orientale, nella Comunità degli Stati Indipendenti, in Asia orientale e negli altri Paesi industrializzati il 60%.

Questioni di genere

L'uguaglianza tra uomini e donne è un principio ribadito nel Preambolo della Carta delle Nazioni Unite del 1945. Una cosa, però, è l'uguaglianza tra i sessi, dove il sesso attiene alla sfera biologica, altra cosa è l'uguaglianza di genere, dove il genere è una condizione sociale che si apprende nel corso della vita e che descrive il femminile e il maschile (*vedi p. 42*).

L'equità di genere si afferma come concetto nel 1995, a Pechino, durante la IV Conferenza Mondiale sulle Donne. Il principio di **gender mainstreaming** consiste nell'adeguata considerazione delle differenze esistenti tra le situazioni di vita, i bisogni e gli interessi degli uomini e delle donne, in tutti i programmi e gli interventi economici e sociali che dovranno essere adeguatamente valutati in base agli effetti che producono sul rapporto di genere.

Tra il 1945 e il 1995, alcuni dei risultati più significativi sono stati la Dichiarazione universale dei diritti umani del 1948, che ha rilevato la causa dei diritti delle donne, e la Convenzione sull'eliminazione di tutte le forme di discriminazione nei confronti della donna (CEDAW), adottata nel 1979.

Nel 2000, la Dichiarazione del Millennio ha preso atto che il conseguimento dell'uguaglianza di genere darà alle donne il potere di sconfiggere la povertà, apportando molti benefici alle famiglie, alle comunità e ai Paesi.

Sulla parità di genere, il Ruanda è come la Germania

Social Watch è una rete internazionale di organizzazioni dei cittadini di oltre 60 Paesi impegnata nello sradicamento della povertà e delle sue cause per un'equa distribuzione della ricchezza e la realizzazione dei diritti umani. Il suo Rapporto 2008, dal titolo *Crisi globale. La risposta: ripartire dai diritti*, misura le condizioni di vita basandosi sui diritti umani e sulle capacità di base (Bci). Il Rapporto analizza lo stato di salute e il livello dell'istruzione elementare in 176 Paesi del mondo: solo 52 vantano un accesso quasi universale all'istruzione di base e ai servizi sanitari, appena 22 registrano miglioramenti rilevanti, mentre 55 mostrano cambiamenti lenti e contenuti e 77 sono fermi. Il peggioramento più consistente degli indicatori sociali riguarda i Paesi dell'Africa subsahariana, area in cui già si registravano i valori più bassi dell'indice.

Un altro indice calcolato dal Social Watch, quello sulla Parità di genere (GEI), classifica 157 Paesi in una scala in cui 100 indica la completa uguaglianza tra donne e uomini: più della metà delle donne del mondo vive in Paesi che, negli ultimi anni, non hanno fatto registrare alcun progresso verso un'effettiva uguaglianza di genere.

L'indice GEI è diviso in tre dimensioni o temi: istruzione, attività economica, ed empowerment (concessione di pieni poteri alle donne).

L'istruzione è la dimensione più vicina all'effettiva parità, con una media mondiale di 90. Tuttavia, anche in questo campo, molti Paesi sono regrediti dopo aver registrato miglioramenti. L'empowerment è la dimensione che nella maggior parte dei Paesi sta registrando progressi, ma si tratta anche della voce con la media globale più bassa: solo 35 punti su 100. Da notare che le donne in politica costituiscono inoltre solo il 17,5% dei parlamentari.

La dimensione economica dell'indice misura il divario uomo-donna nella partecipazione al mercato del lavoro e negli stipendi percepiti. In molti Paesi poveri, la condizione delle donne sta migliorando, ma il divario neisalari è ancora di circa il 32%.

La media mondiale è di 61, mentre quella europea è di 72. In prima posizione c'è la Svezia, che vanta un indice di 89, seguita da altri Paesi dell'Europa settentrionale (Islanda, Danimarca, Finlandia, Norvegia e Germania) e una buona rappresentanza di Paesi in via di sviluppo africani e asiatici (Mozambico, Burundi, Cambogia, Ghana, Viet Nam, Uganda, Madagascar, Kenya e Guinea).

Germania e Ruanda (uno dei Paesi più poveri del mondo) hanno entrambi il valore 80: l'indice non valuta infatti il livello di ricchezza, ma il divario che separa le donne dagli uomini; nel caso di questi due Paesi il GEI rivela che la disuguaglianza tra i sessi è equivalente. Il fatto che un elevato reddito pro capite non sia una garanzia di uguaglianza di genere è mostrato anche da Paesi con alti redditi pro capite, quali Lussemburgo o Svizzera, che hanno lo stesso livello di uguaglianza del Mozambico, Paese con reddito pro capite molto più basso.

L'Italia si trova solo al 70° posto, con 65, subito dopo Paesi come Bolivia, Bielorussia, Botswana, Repubblica Dominicana e Singapore (66).

Il Rapporto 2008, per la prima volta, mostra anche l'evoluzione della parità di genere dal 2004 al 2008 in 133 paesi. Gli indicatori mostrano come i progressi verso la parità tra i sessi siano difficili e soggetti a regressioni.

Tratto da www.socialwatch.org

Domande e attività

1. La condizione femminile e l'istruzione

a. Leggi la tabella, poi rispondi alle domande.

L'ISTRUZIONE

Paese	Posizione ISU	Alfabetizzazione (2006)	Scolarizzazione primaria (2005)**		Scolarizzazione secondaria (2005)**	
			F	Rapporto femm./maschi	F	Rapporto femm./maschi
Alto sviluppo umano						
Islanda	1	>99	98	0,97	109	1,03
Norvegia	2	>99	98	1	114	1,01
Canada	4	>99	99	1	116	0,98
Australia	3	>99	104	0,99	144	0,95
Irlanda	5	>99	106	0,99	118	1,09
Paesi Bassi	9	>99	106	0,98	117	0,98
Svezia	6	>99	96	1	103	1
Giappone	8	>99	100	1	102	1
Francia	10	>99	110	0,99	116	1
USA	12	>99	99	0,99	95	1,02
Spagna	13	97,4	105	0,98	127	1,05
Grecia	24	97	101	1	101	0,98
Italia	20	98,8	102	0,99	99	0,99
Regno Unito	16	>99	107	1	107	1,03
Germania	22	>99	101	1	99	0,98
Medio sviluppo umano						
Turchia	84	88,1	91	0,95	68	0,82
Thailandia	78	93,9	94	0,96	72	1,05
Ucraina	76	>99	107	1	85	0,92
Iran	94	84	122	1,22	78	0,94
Cina	81	93	112	0,99	74	1
Tunisia	91	76,9	108	0,97	88	1,09
Indonesia	107	91	115	0,96	63	0,99
Egitto	112	71,4	97	0,94	82	0,92
Sudafrica	121	87,6	102	0,96	97	1,07
Marocco	126	54,7	99	0,89	46	0,85
Congo	139	86	84	0,92	35	0,84
India	128	65,2	116	0,94	50	0,8
Pakistan	136	54,2	75	0,76	23	0,74
Kenya	148	73,6	110	0,96	48	0,95
Uganda	154	72,6	119	1	17	0,81
Basso sviluppo umano						
Nigeria	158	71	95	0,86	31	0,84
Angola	162	67,4	nd	nd	15	0,78
Benin	163	39,7	85	0,8	23	0,57
Ruanda	161	64,9	121	1,02	13	0,89
Costa d'Avorio	166	48,7	63	0,79	18	0,55
Ciad	170	25,7	62	0,67	8	0,33
Burkina Faso	176	26	51	0,8	12	0,7
Mozambico	172	43,8	94	0,85	11	0,69
Sierra	177	37,1	65	0,71	22	0,71

** Scolarizzazione I/II livello = Tasso di iscrizione ai livelli di istruzione primaria e secondaria in % calcolato sul totale degli studenti della relativa fascia di età. I valori che eccedono 100 tengono conto delle iscrizioni anticipate, dei ripetenti ecc.

Fonte: UNDP, *Human Development Report 2007/2008*

- In quali Paesi si notano le maggiori differenze tra la scolarizzazione femminile e quella maschile?

- Come si spiegano i valori della scolarizzazione secondaria degli Stati Uniti? Prova a utilizzare anche le informazioni della tabella "La povertà umana per i Paesi ad alto sviluppo" a pagina 43.

2. L'accesso delle donne in politica

PERCENTUALE DI DONNE TRA I MEMBRI DEL PARLAMENTO (CAMERA BASSA O UNICA)

Mondo	12,05	18,05
Paesi in via di sviluppo	10,08	17,02
Regioni sviluppate	17,05	22,09
Africa settentrionale	2,01	8,03
Africa sub-sahariana	9,01	18,01
America latina e Caraibi	14,08	22,02
Asia orientale	19,09	20,02
Asia meridionale	6,07	16,07
Asia sud-orientale	9,07	17,03
Asia occidentale	4,07	9,02
Oceania	3,04	2,05
Comunità degli Stati Indipendenti	7,03	14,01

Fonte: ONU, *Rapporto sugli Obiettivi del Millennio*, 2009

a. Osserva i dati della tabella. Quali sono le regioni in cui le donne sono più presenti nel parlamento? In quali regioni invece le donne sono maggiormente escluse?

b. Dove sono stati compiuti i maggiori progressi tra il 2000 e il 2009?

c. Insieme ai tuoi compagni di classe, fai una breve ricerca sulla composizione dei governi dell'Unione Europea e confronta i dati che avete trovato. Quante donne fanno parte di ciascun governo e quante occupano il ruolo di primo ministro? Che riflessioni puoi fare?

d. I dati sulla presenza nei Parlamenti sono sufficienti a comprendere il ruolo della donna nel sistema politico? Argomenta la tua risposta, discutendone in classe.

F Obiettivi 4 e 6 – Ridurre la mortalità infantile e arrestare la diffusione di AIDS e altre malattie

La mortalità infantile

La mortalità infantile – cioè l'indice demografico che esprime il rapporto tra il numero di bambini morti entro il primo anno di vita e il numero di bambini nati vivi nello stesso anno, moltiplicato per 1000 – è strettamente legata alle condizioni ambientali, alimentari e igienico-sanitarie del luogo preso in esame ed è quindi una spia della realtà sociale di ogni Paese. Infatti i valori cambiano enormemente da caso a caso: nei Paesi sviluppati la media è del 13‰, mentre sale al 75‰ nei Paesi in via di sviluppo, ma in molti Paesi supera addirittura il 150‰.

La povertà è alla base degli alti tassi di morbilità e mortalità fra i bambini.

Più di un miliardo di bambini – cioè oltre la metà dei bambini che vivono nei Paesi in via di sviluppo – sono privi di almeno uno dei beni o servizi essenziali alla loro sopravvivenza: più della metà dei bambini non dispone di un ambiente protettivo; uno su cinque non ha accesso all'acqua potabile e uno su sette è privo di qualsiasi forma di assistenza sanitaria di base. Oltre il 16% dei bambini sotto i cinque anni non riceve un'alimentazione adeguata e il 13% di tutti i bambini non è mai andato a scuola.

Nell'ambito della mortalità infantile sono stati compiuti notevoli progressi, soprattutto in alcune aree del pianeta (Africa settentrionale, Asia sud-orientale, America latina), ma in alcuni Stati, soprattutto in Africa subsahariana e in Asia meridionale, i progressi sono troppo lenti a causa degli scarsi investimenti nella sanità pubblica.

Povertà, conflitti armati e AIDS non sono gli unici elementi che mettono in pericolo la vita dei bambini, ma sono certo fra i più gravi e incidono profondamente sulle loro possibilità di sopravvivenza. Ciascuno di questi fattori provoca danni che durano ben oltre l'infanzia e che aumentano le probabilità che anche le generazioni successive ne possano soffrire. Presi singolarmente, questi tre fattori producono danni gravissimi; ma se due di essi o tutti e tre si verificano insieme, le conseguenze per i bambini sono devastanti.

Secondo l'UNICEF, negli ultimi anni si è comun-

La Dichiarazione di Alma Ata

La Dichiarazione di Alma Ata è lo storico documento conclusivo della Conferenza internazionale sull'assistenza sanitaria primaria (12 settembre 1978) dell'OMS (Organizzazione Mondiale della Sanità) attraverso la quale i governi, la comunità internazionale e tutti coloro che lavorano per la salute e lo sviluppo hanno espresso **la necessità e l'urgenza di proteggere e promuovere la salute di ogni uomo**, a livello mondiale, e nei Paesi in via di sviluppo in particolare.

La salute è stata ritenuta un diritto fondamentale e un obiettivo sociale essenziale da raggiungere entro il 2000: a tutti i popoli del mondo doveva essere consentito di "condurre una vita socialmente ed economicamente produttiva". Per assistenza sanitaria primaria, cioè le cure primarie per la salute, si devono intendere "quelle forme essenziali di assistenza sanitaria che sono basate su tecnologie e metodi pratici, scientificamente validi e socialmente accettabili, che sono rese accessibili a tutti gli individui e alle famiglie nella comunità grazie alla loro piena partecipazione, che sono realizzate a un costo che la comunità e la nazione possono sostenere in ogni fase del proprio sviluppo, in uno spirito di autonomia e di autodeterminazione".

In un'ottica di giustizia sociale, l'assistenza sanitaria di base è stata ritenuta la chiave per il conseguimento dell'obiettivo "Salute per tutti entro l'anno 2000".

La dichiarazione, inoltre, invitava i diversi Paesi a una più stretta cooperazione multisettoriale e globale. La Dichiarazione segnava una svolta per le politiche sanitarie globali, che subirono però, pochi anni dopo il 1978, una tragica e radicale inversione di rotta: ben l'80% della popolazione mondiale non aveva accesso ai servizi sanitari essenziali.

Il Terzo rapporto dell'Osservatorio Italiano sulla salute globale, *Salute globale e aiuti allo sviluppo. Diritti, ideologie, inganni* (2008), descrive con chiarezza le luci e le ombre dell'aiuto allo sviluppo in campo sanitario e le questioni ancora irrisolte a trent'anni dalla Dichiarazione di Alma Ata.

Nonostante gli scarsi risultati ottenuti, la Dichiarazione di Alma Ata ricopre un ruolo importante poiché è stata la prima presa di coscienza internazionale dell'urgenza di agire secondo uno spirito di cooperazione e in accordo con un nuovo ordine economico internazionale, per promuovere la salute di tutti i popoli del mondo.

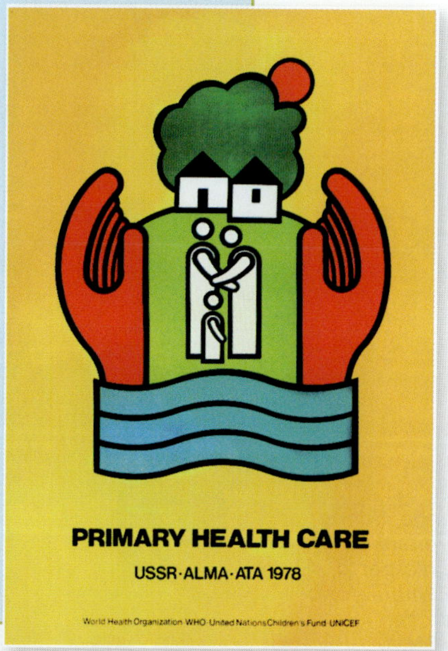

que evidenziata una tendenza positiva, con un calo del 28% del tasso globale di mortalità infantile tra 0 e 5 anni: si è passati da 93 morti ogni mille nati vivi (1990) a 65 (2008). Il numero complessivo annuo di decessi tra i bambini sotto i 5 anni nel 2008 è sceso a 8,8 milioni, rispetto ai 12,5 milioni del 1990, anno di riferimento per gli Obiettivi di Sviluppo del Millennio.

Sono stati evidenziati progressi in ogni regione del mondo e anche in alcuni dei Paesi meno sviluppati. Gli esperti attribuiscono questo calo costante al crescente ricorso a interventi sanitari fondamentali, come le vaccinazioni, tra cui quella contro il morbillo, l'uso delle zanzariere trattate con insetticidi per prevenire la malaria e l'utilizzo di integratori come la vitamina A.

Incidenza L'incidenza misura quanti nuovi casi di una data malattia compaiono in un determinato lasso di tempo; essa misura quindi la velocità di propagazione di una malattia, cioè l'impatto e la penetrazione che una malattia può avere in un determinato territorio.

Le malattie del Sud globale

Il sesto Obiettivo per lo Sviluppo prevede di fermare la diffusione dell'**HIV/AIDS** entro il 2015 e l'incidenza della malaria e di altre importanti malattie endemiche (come la tubercolosi) che prolificano, in particolare, nei Paesi in via di sviluppo.

Le condizioni di eccessiva povertà, la mancanza di iniziative politiche finalizzate alla prevenzione, l'eccessivo costo dei farmaci, lo stato di degrado in cui versano i servizi sanitari e la scarsa accessibilità alle cure sono le cause del **continuo moltiplicarsi di virus pandemici** che, insieme alla carenza di risorse per il sostentamento degli individui, compongono lo scenario disastroso dei Paesi in via di sviluppo.

Gli sforzi sinora compiuti, soprattutto per combattere il virus dell'HIV non hanno prodotto grandi risultati.

Il *Rapporto Mondiale UNAIDS* (Programma congiunto delle Nazioni Unite sull'HIV/AIDS) del 2008 stima in 33 milioni (dati 2007) il numero delle persone che risultano affette dal virus; di queste, il 67% vive nell'Africa subsahariana.

In Africa il livello di diffusione del contagio non accenna a diminuire e anzi, continua a diffondersi a ritmi impressionanti. Il triste primato è detenuto dall'Africa meridionale: nel 2007, questa macroregione vantava circa un terzo (32%) di tutte le nuove infezioni da HIV e delle morti per AIDS su scala mondiale. In otto Paesi (Sudafrica, Botswana, Lesotho, Mozambico, Namibia, Swaziland, Zambia e Zimbabwe), l'incidenza della popolazione adulta affetta dal virus sul totale della popolazione era superiore al 15%; le donne sono in generale le più colpite.

Disinformazione, rapporti sessuali non protetti, fattori socio-culturali di varia natura, prezzi inaccessibili dei farmaci sono gli elementi che contribuiscono all'espansione a macchia d'olio del virus.

Uganda, donne e bambini nella sala d'aspetto dell'ambulatorio infantile.

L'AIDS e i bambini

Dal Rapporto dell'UNICEF *Bambini e AIDS* del 2008 emergono i seguenti dati di sintesi:

– Sui 33,2 milioni di persone sieropositive nel mondo, 2,1 milioni sono bambini di età inferiore ai 15 anni (stime del 2007)

– nel 2007, circa 420 000 bambini hanno contratto il virus dell' HIV e 290 000 sono morti a causa dell'AIDS. Il 90% dei bambini che hanno contratto l'HIV vive nell'Africa subsahariana;

– la maggior parte dei bambini contrae il virus dalla propria madre durante la gravidanza, il parto o attraverso l'allattamento al seno. Circa il 50% dei bambini che contraggono il virus alla nascita muore prima di compiere due anni;

– nel 2007, il 40% delle nuove infezioni da HIV ha riguardato giovani di età compresa tra 15 e 24 anni; è stato stimato in circa 5,4 milioni il numero dei giovani che hanno contratto l'HIV: di questi, 3,1 milioni sono donne;

– tra il 2000 e il 2007 il numero dei bambini orfani in Africa subsahariana è più che raddoppiato. Attualmente in quest'area vivono 12,1 milioni di giovani di età inferiore ai 18 anni che hanno perso almeno un genitore a causa dell'AIDS.

Burundi, donna malata di AIDS con i suoi figli.

Farmaci: la questione dei brevetti

Medici Senza Frontiere (MSF) è la più grande organizzazione medico-umanitaria indipendente al mondo creata da medici e giornalisti in Francia nel 1971. MSF opera in 63 Paesi del mondo, prefiggendosi lo scopo di portare soccorso sanitario e assistenza medica nelle zone del mondo in cui il diritto alla cura non sia garantito: fornisce aiuto a popolazioni minacciate da violenze o catastrofi causate per lo più da guerre, epidemie, malnutrizione, disastri naturali. Nel 1999 Medici Senza Frontiere ha ricevuto il Nobel per la Pace "come riconoscimento per il lavoro umanitario pionieristico che l'organizzazione ha realizzato in vari continenti" (motivazione ufficiale).

E leggo i dati di MSF: ogni anno le malattie infettive uccidono 15 milioni di persone, 9 su 10 nei Paesi in via di sviluppo. I farmaci hanno fatto grandi passi avanti, ma un terzo della popolazione mondiale non se li può permettere. E al centro di questa tragedia, c'è l'AIDS. Una malattia che ora si può curare, o almeno non uccide con la rapida crudeltà di una volta. Ma si muore ancora perché non si ha accesso alla cura, o ci si cura male. Dal 2000 anche nei Paesi poveri si distribuiscono i farmaci antiretrovirali per curare le persone affette da HIV/AIDS. Un milione di persone si sta curando. MSF da sola fornisce questo trattamento a più di 100 000 persone in 30 Paesi. Ma c'è un nuovo problema. I farmaci di prima generazione non sono più efficaci contro il male che ha sviluppato una resistenza al trattamento. C'è bisogno di farmaci più mirati e più potenti, la seconda linea. Sono farmaci attivi solo se somministrati con tempi giusti e con l'assistenza di personale. Ma questi trattamenti sono costosi. Possono arrivare fino a 6500 dollari l'anno per paziente. E sono protetti da un severo brevetto, anche quelli più essenziali. La sensibilità delle case farmaceutiche, nella quasi totalità, è meno di zero. Il progresso di questi anni di ricerca è messo a rischio della spietatezza del guadagno. Esistevano infatti alcune clausole di salvaguardia per evitare che brevetti troppo onerosi limitassero l'accesso ai farmaci. Cioè la possibilità di produrre o importare farmaci da Paesi come l'India e il Brasile che hanno prezzi molto più bassi di quelli di mercato. [...] Occorre una maggiore concorrenza tra le case farmaceutiche per abbassare i prezzi dei farmaci. Occorre un incremento delle risorse per la ricerca e lo sviluppo di nuovi farmaci e nuovi test diagnostici, basati sulle esigenze dei Paesi più colpiti. Occorre naturalmente sostenere non solo politicamente ma anche finanziariamente questa battaglia. [...] C'è una "seconda linea" anche nella solidarietà. Fare seguire al gesto di generosità iniziale uno sguardo ulteriore, una richiesta di informazione, un controllo sul percorso e sull'efficacia dell'aiuto.

Stefano Benni, *C'era una volta AIDS*, in AA.VV., *Mondi al limite. Nove scrittori per Medici Senza Frontiere*, Feltrinelli 2008

Per ulteriori informazioni sul programma dell'ONU contro l'AIDS è possibile consultare il sito Internet http://www.rollbackmalaria.org/

Per ulteriori informazioni sul programma dell'ONU contro la tubercolosi è possibile consultare il sito Internet http://www.stop.it/

La malaria

La malaria è causa, ogni anno, di oltre 880 000 decessi, l'85% dei quali riguarda bambini al di sotto dei cinque anni d'età. Nonostante circa la metà della popolazione mondiale rischi di contrarre la malaria, l'Africa è al primo posto sia per numero di casi (oltre 210 milioni all'anno) sia per numero di morti (circa 800 000 all'anno); i Paesi più colpiti sono la Nigeria, la Repubblica Democratica del Congo, l'Etiopia e la Tanzania.

Nel 2001, sotto gli auspici dell'ONU, è stato promosso il programma d'azione "Roll back Malaria" che, però, non ha ancora raggiunto i risultati sperati per la scarsità delle risorse economiche a disposizione: nel 2007 sono stati stanziati fondi per oltre 1 miliardo di dollari, mentre erano necessari oltre 5,3 miliardi di dollari per coprire le spese mediche.

La malaria viene trasmessa dalla puntura di una zanzara femmina infetta del genere Anofele. Il parassita della malaria è il *Plasmodium falciparum*. I suoi vari stadi permettono al plasmodio di eludere il sistema immunitario dell'uomo, infettare il fegato, distruggere i globuli rossi (causando anemia), intasare i capillari che portano sangue al cervello (malaria cerebrale) o ad altri organi vitali.

Un esemplare di Zanzara Anofele.

Molti farmaci antimalarici possono essere impiegati nella profilassi o nella terapia; oltre a quelli usati da più tempo, nell'ultimo decennio, un nuovo gruppo di farmaci ha prodotto una risposta terapeutica molto rapida (risoluzione dei sintomi e potenziale riduzione della trasmissione della malaria). Attualmente, non è stata ancora riscontrata una resistenza dei parassiti a questi composti. Molti Paesi africani hanno quindi mutato i propri approcci farmacologici, incoraggiando l'uso delle nuove terapie in sostituzione di quelle tradizionali, ma i costi da sostenere sono particolarmente onerosi. Questi nuovi farmaci sono infatti molto più costosi e i fondi per combattere la malaria restano ancora largamente insufficienti.

Poiché molte zanzare pungono di notte, per combattere la malaria sono molto utili anche le zanzariere da letto, che possono fornire una barriera fisica contro gli insetti, specialmente se trattate con un insetticida che ne migliora notevolmente l'efficacia.

L'obiettivo per il 2010 prevede una diffusione delle zanzariere trattate all'80% della popolazione mondiale: per raggiungerlo, occorre una considerevole intensificazione dell'impegno. Nell'Africa a sud del Sahara, per esempio, soltanto un bambino su 20 dorme protetto da una zanzariera e questo dato è ancora più basso nelle aree rurali, dove spesso la malaria è endemica e i tassi di mortalità più elevati.

La tubercolosi

La tubercolosi è una malattia infettiva causata da micobatteri, in particolare dal *Mycobacterium tuberculosis* – chiamato anche Bacillo di Koch – che attacca comunemente i polmoni, ma non solo; si tratta di una malattia curabile con trattamento farmacologico che prevede però un'assunzione prolungata e regolare di diversi medicinali. L'incidenza della tubercolosi, misurata come numero di nuovi casi di infezione ogni 100 000 abitanti, si è stabilizzata o ha cominciato a diminuire in quasi tutto il mondo e negli ultimi anni si è assistito anche a un miglioramento dei tassi di mortalità dovuti a questa malattia. Tuttavia, i progressi registrati sono troppo lenti per raggiungere i traguardi prefissati dal sesto Obiettivo di Sviluppo (riduzione dell'incidenza della malattia; dimezzamento dei tassi di prevalenza e morte rispetto ai dati del 1990; individuazione e trattamento di almeno il 70% dei casi positivi tramite i programmi adottati dall'Organizzazione Mondiale della Sanità; guarigione di almeno l'85% dei casi), in particolare quello di ridurre di metà entro il 2015 il tasso di incidenza del 1990: Africa Subsahariana e Comunità degli Stati Indipendenti (ex URSS) hanno le minori probabilità di riuscita. Anche in questi Paesi, però, l'espansione della malattia si è stabilizzata dai primi anni 2000. A livello mondiale è invece aumentato il numero assoluto di casi, per via dell'aumento della popolazione: nel 2007 sono stati registrati 9,27 milioni di nuove infezioni in tutto il mondo (compresi 1,37 milioni di casi tra malati di HIV, il 79% dei quali riguarda la popolazione africana) e 1,7 milioni di decessi.

Le malattie dimenticate che ritornano

Morbillo, malaria, sifilide, colera, tubercolosi e poliomielite. In Italia e in Occidente riaffiorano le antiche paure. Malattie dimenticate a cui si aggiungono quelle neglette. Che non interessano i Paesi ricchi, ma che colpiscono oltre un miliardo di persone nel mondo: infettati da una o più di queste malattie. Non averle debellate finora, le rende, nell'era della globalizzazione, ben più pericolose. Con ordine. Prima le neglette. Albis Francesco Gabrielli, del Dipartimento per il controllo delle malattie tropicali neglette (*Neglected tropical diseases* o Ntds) dell'Organizzazione Mondiale della Sanità (OMS), entra nel merito: "Le Ntds riguardano 149 Paesi e territori del mondo. Ognuno con almeno una di queste malattie, il 70% con due o più. In 28 zone ve ne sono più di sei contemporaneamente. Per la maggior parte, questi Paesi hanno economie a basso reddito, sotto emergenza umanitaria. Ogni anno le Ntds provocano 534 000 morti.

E oggi, alle neglette si aggiungono le dimenticate. Il problema non si ferma più ai Paesi poveri. Siccome tutto è globale, e forse per la legge del contrappasso, anche i Paesi cosiddetti ricchi cominciano a fare i conti con malattie che non si volevano più ricordare. La tubercolosi sta tornando più cattiva di prima, perché il bacillo che ne è causa si è fatto "furbo" e non viene più ucciso dagli antibiotici che 50 anni fa sembravano averlo debellato. Si è rafforzato colpendo proprio nei Paesi in via di sviluppo e là dove esistono ancora grandi sacche di povertà: Est Europa, India, Cina, Sud America. E il mix di malattie infettive in questi organismi dimenticati sta creando virus e batteri più cattivi, più difficili da combattere.

In Italia si registrano 4-5 mila casi di tubercolosi ogni anno, in aumento quella super resistente che arriva per lo più dall'Est Europa, dalla Russia in particolare. In Germania vi sono stati i primi morti di Ebola, terribile malattia tropicale (un virus che causa una febbre emorragica) finora limitata a un'area ristretta dell'Africa Centrale. Non solo, vi sono casi di poliomielite (ma non era eradicata?) e Antonio Cassone, direttore del Dipartimento di malattie infettive dell'Istituto superiore di sanità, aggiunge anche "morbi nuovi" per i Paesi ricchi: dengue, febbre gialla, chikungunya (virus trasmesso dalle punture della zanzara tigre)... Infezioni una volta endemiche solo in alcune zone tropicali (le Ntds, appunto), oggi importate in Italia e in Europa, oltre che in Nord America, dagli stranieri. Non solo immigrati. E i medici occidentali? Non sono pronti: dovrebbero tornare a scuola, difficile riconoscere una tubercolosi che non si è mai vista. Peggio ancora la dengue o Ebola. Il colera, poi, da alcune zone italiane non è mai scomparso. Di pari passo con i rifiuti e il mare inquinato. Ancora colera nel 2009? È arrivata anche la zanzara tigre (viaggia in aereo), portatrice di gravi forme virali, come i tafani dei cavalli, le febbri tifoidi da pidocchi... E attenzione alla nuova influenza AH1N1: c'è il rischio di un "crogiolo" di virus e batteri con cui non scherzare.

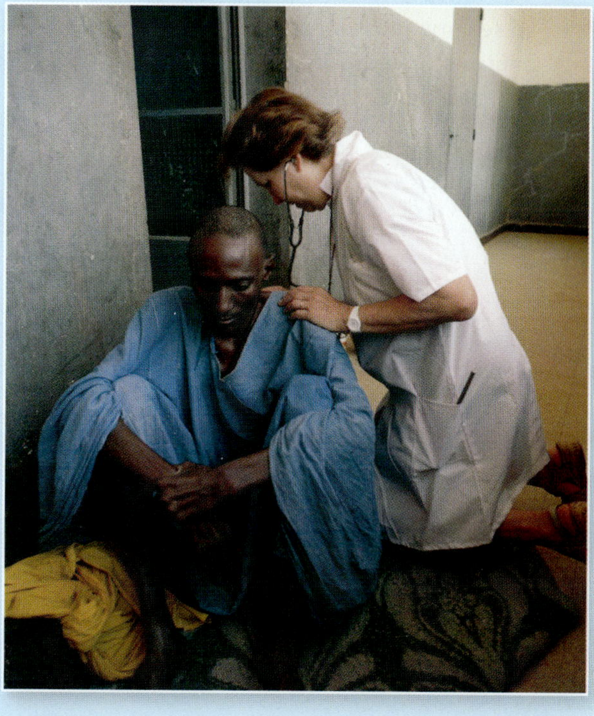

A fianco, visita medica per la cura della tubercolosi in un ospedale della Mauritania. In basso, il simbolo dell'OMS.

Tornando alle Ntds, la Fondazione Ivo de Carneri Onlus, di cui è segretario scientifico Marco Albonico, le ha analizzate in un approfondito rapporto. "Difficile definire un impatto economico delle Ndts – è scritto nel rapporto – perché i malati di una o più Ntds sono fra i più poveri nei Paesi poveri. E le malattie che li colpiscono non sono considerate, nessuno vi investe economicamente. Molte potrebbero essere addirittura curate per pochi soldi, da mezzo dollaro a un dollaro e mezzo per paziente, per anno. Ma chi ne resta colpito, anche da più di una di esse, non ha nemmeno questi soldi. Né lui né lo Stato in cui vive". In effetti, il 100% dei Paesi a basso reddito ha almeno cinque Ntds ; meno dell'1% dei 1393 nuovi farmaci registrati fra il 1975 e il 1999 era per le malattie tropicali; molte Ntds possono essere curate con farmaci che costano fra 0,02-1,50 dollari. Purtroppo la maggior parte di chi ne è colpito guadagna meno di 1 dollaro al giorno: 1,1 miliardi di persone nel mondo vivono con meno di 1 dollaro al giorno e oltre 2,7 miliardi con meno di due. Soprattutto in Africa. Il G8 di L'Aquila, ha promesso 20 miliardi di dollari all'Africa. Tanti? In realtà, sono 21,7 dollari per ogni africano in tre anni: 5 euro e 18 centesimi l'anno a testa.

E come si fa a combattere le Ntds? In tre modi: acqua pulita, cibo e igiene; la ricerca per sviluppare vaccini e farmaci; somministrare gratis alcuni medicinali efficaci, che non consentono business là dove prevale la povertà. Molte Ntds sono devastanti ma risolvibili. Per lo più sono malattie croniche, che segnano il futuro di chi è infettato (spesso bambini): arti deformati dalla filariasi linfatica (o elefantiasi), cicatrici o disabilità causate dalla lebbra o dall'ulcera di Buruli, cecità da oncocercosi o tracoma. Una violazione dei diritti umani. Innanzitutto quello alla vita.

Adattato da: Mario Pappagallo, *Le malattie dimenticate che ritornano*, in "Il Corriere della Sera", 22 agosto 2009

Domande e attività

1. La mortalità infantile

a. Lo schema mostra l'andamento del tasso di mortalità infantile (riferito a bambini al di sotto dei cinque anni di età) nel periodo 1990-2007 in alcune regioni del mondo. Il valore di riferimento è quello della media dei Paesi dell'OCSE.

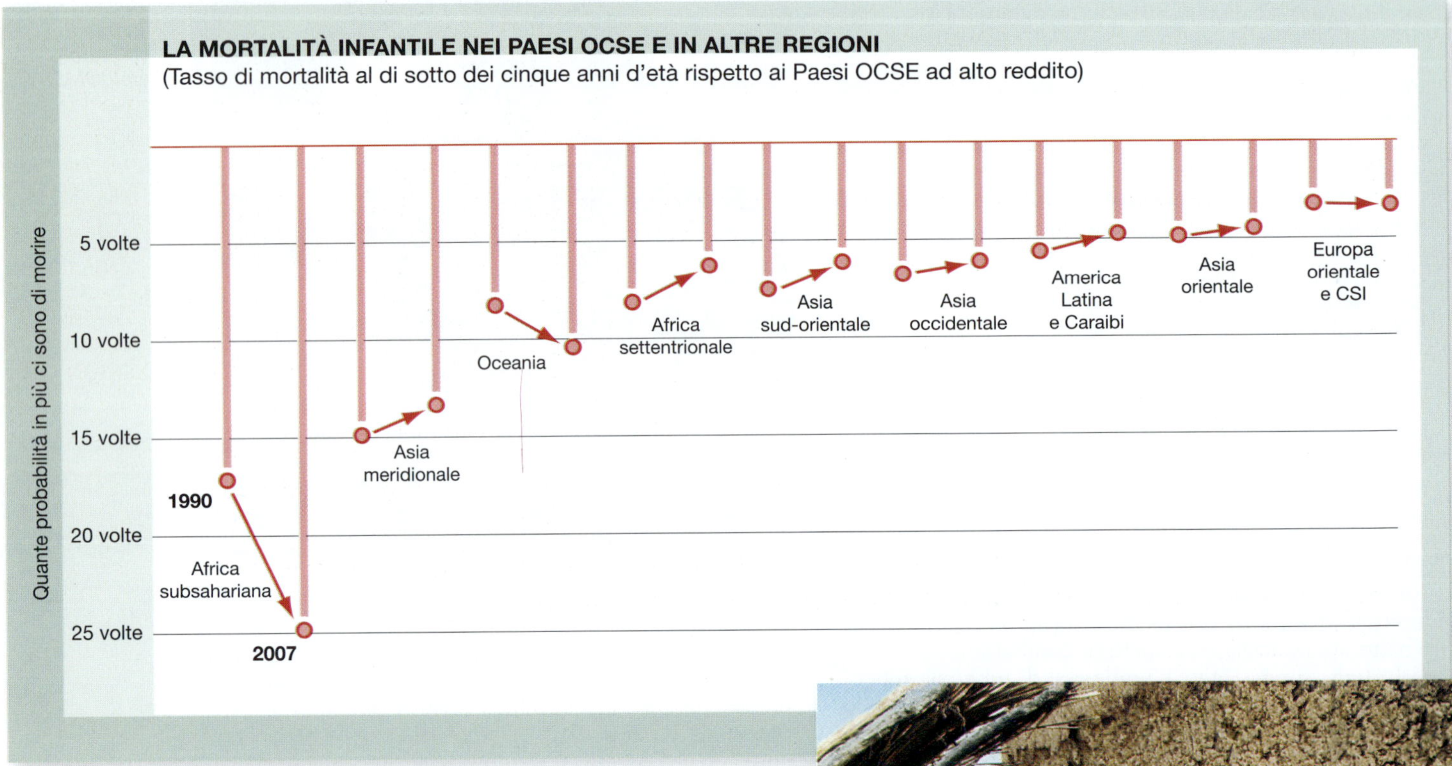

- Quali sono i fattori che incidono sul tasso di mortalità infantile? Fai riferimento anche a quanto studiato sul libro di testo.

....
....
....
....
....
....

- In quali regioni è peggiorato il rapporto rispetto ai Paesi ricchi e in quali è migliorato?

....
....
....
....
....

■ Facendo riferimento anche a quanto appreso dalle letture riportate nelle pagine precedenti, prova a spiegarne i motivi.

....

....

....

....

....

2. L'incidenza dell'AIDS

a. Utilizzando i dati della tabella, costruisci un istogramma con i dati riferiti ai bambini affetti da AIDS e uno con i dati relativi ai soli adulti (dati da ricavare). Quali osservazioni puoi fare?

....

....

....

....

b. Considera il numero di adulti affetti da AIDS nell'Africa subsahariana. Si parla di perdita di una generazione per molti Paesi di quella zona. Quali problemi deriveranno da questa situazione?

....

....

....

....

....

....

ALCUNI INDICATORI RELATIVI ALL'HIV/AIDS (2007)

	Stima del tasso di prevalenza* negli adulti	Stima del numero di persone affette da HIV (migliaia)	Stima del numero di bambini affetti da HIV (migliaia)	Stima del numero di bambini (0-17 anni) orfani a causa dell'AIDS (migliaia)
Africa subsahariana	5,0	22 000	1 800	11 600
Medio Oriente e Nord Africa	0,3	480	28	–
Asia meridionale	0,3	2 600	110	–
Asia orientale e Pacifico	0,2	2 400	41	–
America Latina e Caraibi	0,6	1 900	55	–
Europa orientale e CSI	0,8	1 500	11	–
Paesi industrializzati	0,3	2 000	5,8	–
Paesi in via di sviluppo	0,9	29 500	2 000	–
Paesi meno sviluppati	2,2	10 000	900	
Mondo	0,8	33 000	2 000	15 000

* Con il termine tasso di prevalenza si misura la proporzione di individui di una popolazione che, in un dato momento, hanno contratto il virus dell'HIV.

Fonte: UNICEF, *La condizione dell'infanzia nel mondo*, 2009

Obiettivo 5 – Migliorare la salute materna

La mortalità materna

Come ridurre di tre quarti il tasso di mortalità materna (cioè il numero di decessi materni ogni 100 000 bambini nati vivi), entro il 2015? Secondo l'UNICEF (il Fondo delle Nazioni Unite per l'Infanzia), il quinto è uno degli Obiettivi di Sviluppo che rischiano di essere disattesi: dal 1990 al 2005 è stata infatti registrata una diminuzione del tasso di mortalità materna solamente dell'1% annuo a livello globale, ben al di sotto del 5,5% annuo necessario per raggiungere l'obiettivo.

Nonostante i progressi rilevati in alcune regioni (Africa settentrionale, America Latina e Caraibi, Asia sud-orientale), in cui c'è stata una riduzione di un terzo del tasso di mortalità materna, le azioni finora intraprese non sono sufficienti e un gran numero di donne rischia di perdere la vita per complicanze insorte prima, durante o immediatamente dopo il parto.

La gran parte delle oltre 536 000 donne decedute (dato del 2005) per questi motivi sono africane o asiatiche. Poco più della metà dei casi di mortalità materna (270 000) si sono verificati nell'Africa sub-ahariana, seguita dall'Asia meridionale (188 000). Insieme, le due regioni registrano l'86% di tutti i casi di mortalità materna avvenuti su scala mondiale nel 2005. Ma la situazione è ancora più grave, poiché, sempre nel 2005, il 65% dei casi di mortalità materna si è verificato in appena 11 Paesi: l'India ha registrato il numero più grande di decessi (117 000), seguita dalla Nigeria (59 000), dalla Repubblica Democratica del Congo (32 000) e dall'Afghanistan (26 000). In Africa, la probabilità che una donna ha di morire a causa di una gravidanza è di 1 a 22, mentre nei Paesi industrializzati è di 1 a 7300.

Namibia, donna di etnia Himba con bambino.

L'offerta sanitaria di servizi per la salute riproduttiva delle donne in età fertile e di interventi salva-vita in caso di complicanze gravi è assolutamente insufficiente in Africa e in Asia meridionale, per mancanza di personale sanitario (medici, infermiere, ostetriche, levatrici) opportunamente formato a individuare i problemi non appena sorgono e a predisporre l'immediato ricovero presso strutture ospedaliere di emergenza.

Notevoli sono le disparità nell'accesso ai servizi e, di conseguenza, la possibilità di sopravvivere. Sempre secondo dati forniti dall'UNICEF, tra il 1996 e il 2005 in 57 Paesi in via di sviluppo l'81% delle donne che abitano in città partoriscono con assistenza professionale, a fronte di un 49% delle donne che vivono in ambienti rurali. Anche il livello di istruzione è una discriminante: la quota di parti in condizioni sicure è decisamente più elevata (84%) fra le donne con titolo di studio secondario o superiore, mentre è meno della metà fra quelle analfabete o prive di istruzione formale.

L'assistenza prima del parto aiuta a ridurre la mortalità materna

Una maternità sicura dipende in larga misura dall'assistenza prenatale, attraverso la quale è possibile identificare i rischi potenziali e pianificare una gravidanza consapevole. Uno dei parametri per valutare la validità delle politiche sanitarie è rappresentato dal numero di donne che effettuano almeno una visita prenatale per ciascuna gravidanza. Dal 1990, si sono registrati progressi in questo settore per tutti i continenti, inclusa l'Africa subsahariana, dove più di due terzi delle gestanti riceve almeno una visita prima del parto, anche se l'Organizzazione Mondiale della Sanità (OMS) consiglia almeno quattro visite prenatali nell'arco di una gravidanza.

Le **cause della mortalità materna** sono molto diverse da regione a regione, ed è dunque necessario che anche le risposte si adattino alle situazioni locali. Le principali cause di decesso sono:

1. l'emorragia in Africa e Asia;
2. infezioni (in primo luogo HIV/AIDS) nell'Africa subsahariana;
3. l'anemia in Asia;
4. l'ipertensione in America Latina.

Un altro fattore di riduzione della mortalità materna è la **prevenzione di gravidanze indesiderate**, che può ridurre di circa un quarto le morti materne, quelle da aborto in condizioni non sicure. Pur essendo a conoscenza dei servizi di pianificazione familiare, circa 137 milioni di donne non vi hanno accesso. Altri 64 milioni di donne ricorrono a metodi contraccettivi tradizionali ad alta probabilità di fallimento. La diffusione dei contraccettivi nel mondo è cresciuta (dal 55% del 1990 al 64% del 2005), ma in Africa rimane a un preoccupante 21%. Anche le gravidanze precoci, alquanto frequenti in alcune regioni (Africa subsahariana, subcontinente indiano e America Latina), sono alla base di decessi o handicap per le giovani donne e per i loro bambini.

I decessi legati alla gravidanza e al parto sono un'importante causa di mortalità per le ragazze tra 15 e 19 anni, con quasi 70 000 casi ogni anno. I matrimoni e le gravidanze precoci, così come l'AIDS, la violenza sessuale e altri abusi aumentano anche il rischio di abbandono scolastico. Questo, a sua volta, chiude il circolo vizioso della discriminazione di genere, della povertà e degli alti tassi di mortalità materna e infantile.

In molti Paesi africani, spesso l'assistenza alle puerpere viene praticata con mezzi di fortuna.

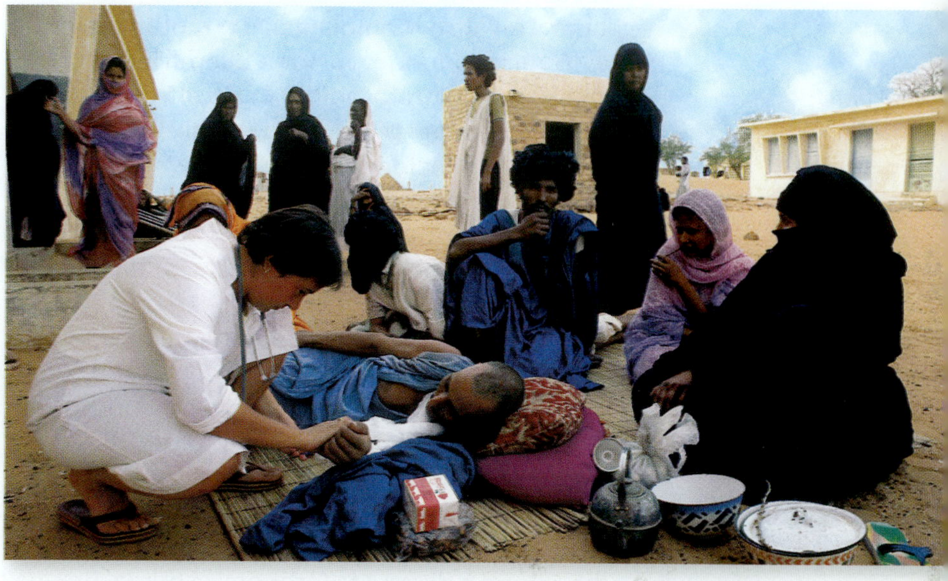

Domande e attività

1. La mortalità materna
Con i dati riportati nella tabella, costruisci un grafico che mostri l'andamento della mortalità materna nelle diverse aree del pianeta dal 1990 al 2005.

EVOLUZIONE DELLA MORTALITÀ MATERNA

Regione	1990	2005
Africa subsahariana	920	900
Asia meridionale	620	490
Oceania	550	430
Asia sud-orientale	450	300
Asia occidentale	190	160
Africa settentrionale	250	160
America latina e Caraibi	180	130
Comunità di Stati Indipendenti (CSI)	58	51
Asia orientale	95	50
Paesi ricchi	11	9
Paesi in via di sviluppo	480	450

a. Tenendo presente che il quinto Obiettivo del Millennio prevede di ridurre del 75% entro il 2015 la mortalità materna, rispetto ai valori del 1990, individua in quali regioni è possibile che questo si realizzi.

....

....

....

....

....

b. Nelle altre regioni, in quale anno si realizzerà l'obiettivo se la tendenza rimane immutata?

....

....

....

....

....

H Obiettivo 8 – Sviluppare una partnership globale a favore dello sviluppo

Il termine **globalizzazione** ha una storia recente nel vocabolario economico (e politico) e sociologico, anche se il fenomeno cui si riferisce ha radici più lontane dell'avvento di Internet e dei progressi nell'informatica e nelle telecomunicazioni.

L'estensione delle relazioni su scala planetaria implica anche un'interdipendenza globale, cioè la costruzione di una rete i cui nodi sono l'uno legato all'altro. Cambiamenti o modifiche in un determinato luogo possono avere ripercussioni prevedibili o imprevedibili in un altro luogo del mondo, in tempi più o meno rapidi.

Queste relazioni prendono diverse forme tra cui quelle del **trasferimento delle tecnologie**, del **commercio internazionale** e della **cooperazione allo sviluppo**, temi toccati anche dall'ottavo Obiettivo del Millennio. Essendo sempre relazioni di potere, non sono mai paritarie, ma evidenziano forti squilibri tra i Paesi a seconda del grado di potere esercitato. I Paesi poveri sono quelli maggiormente penalizzati all'interno di questa rete di relazioni. Dalla fine della Seconda Guerra Mondiale a oggi, la storia dei rapporti tra Paesi ricchi e poveri è stata contraddistinta dalla ricerca di sviluppo e di crescita (economica prima, umana, sociale e culturale, poi).

I Paesi ricchi hanno agito da padri/padroni – attraverso l'aiuto pubblico allo sviluppo, la cooperazione, il commercio – nei confronti dei Paesi poveri, riducendo le loro possibilità di autodeterminazione e limitando il loro diritto di espressione della diversità, pur in un contesto di dichiarata partecipazione di questi ultimi.

Una stazione radiofonica in Mozambico. Per promuovere lo sviluppo è necessario dare impulso alle moderne tecnologie di comunicazione.

L'Ottavo Obiettivo richiede a tutti i Paesi, indistintamente dal PIL nazionale, di impegnarsi responsabilmente, poiché è con il concorso di tutti che il raggiungimento degli altri Obiettivi sarà possibile. Credibilità delle politiche statali e uso efficiente delle risorse sono le condizioni imprescindibili per l'instaurazione di nuove relazioni istituzionali.

I Paesi ricchi hanno dichiarato l'impegno non solo ad aumentare gli aiuti, ma anche a migliorarne l'efficacia, riducendo il debito dei Paesi poveri nei loro confronti a un livello più sostenibile e adottando regole commerciali e finanziarie più eque basate sul buon governo sia a livello nazionale che internazionale.

Altri meccanismi fiscali interessanti per migliorare le relazioni economiche globali sono, per esempio, l'adozione di esenzioni doganali, l'eliminazione delle quote per le esportazioni delle nazioni meno sviluppate, un'assistenza allo sviluppo più generosa per le nazioni impegnate nella diminuzione della povertà. Inoltre, un'alleanza tra Paesi ricchi e Paesi poveri potrebbe essere strategica per la creazione di un mercato del lavoro più dignitoso, per l'incremento dei posti di lavoro e per la diffusione dei benefici derivanti dalle nuove tecnologie, in particolare quelle dell'informazione e della comunicazione.

Per realizzare l'Ottavo Obiettivo, i traguardi specifici da raggiungere sono così sintetizzati:

- affrontare le speciali necessità dei Paesi in via di sviluppo privi di sbocchi al mare e degli Stati in via di sviluppo delle piccole isole;
- sviluppare ulteriormente un sistema finanziario e commerciale aperto, basato su regole precise, prevedibile e non discriminatorio;
- trattare in maniera efficace i problemi del debito dei Paesi in via di sviluppo;
- in collaborazione con le imprese farmaceutiche, fornire accesso a medicinali essenziali con prezzi abbordabili;
- in collaborazione con il settore privato, rendere disponibili i benefici delle nuove tecnologie, specialmente le tecnologie dell'informazione e della comunicazione.

L'Ottavo Obiettivo, dunque, si distingue dagli altri Obiettivi del Millennio, poiché, proponendosi di migliorare la collaborazione tra i diversi attori dello sviluppo, ha caratteristiche più relazionali e meno quantitative rispetto ai precedenti. Pertanto è più difficile esprimere gli eventuali avanzamenti attraverso indicatori numerici. Occorre dunque affrontare il tema osservando anche come si sono evolute le relazioni di cooperazione, quali soggetti hanno coinvolto e quali prospettive possono avere per il futuro.

La società civile

Tra gli attori che negli ultimi decenni hanno svolto un ruolo sempre più importante nel dibattito sullo sviluppo, vi è certamente la società civile internazionale. L'attenzione verso le tematiche dello sviluppo internazionale ha iniziato a diventare di un certo rilievo a partire dagli anni Sessanta del secolo scorso, anche se solo dagli anni Ottanta è arrivata a coinvolgere l'intero pianeta.

Un evento sopra tutti, pur con le sue contraddizioni, può essere preso a simbolo della nascita di una mobilitazione globale sul tema della povertà mondiale. È il concerto Live Aid del 1985, organizzato da Bob Geldof e Midge Ure, per raccogliere fondi per le popolazioni dell'Etiopia colpite da una grave siccità iniziata nel 1972-73 e protrattasi fino alla metà degli anni '80, lasciando in ginocchio i Paesi del Sahel. Il concerto ha visto l'esibizione di decine di artisti di fama mondiale (in contemporanea da Londra e da Philadelphia) ed è stato seguito in diretta da milioni di persone in tutto il mondo, raggiungendo il risultato di raccogliere 150 milioni di sterline, una cifra molto importante per l'epoca. Al di là dei risultati effettivi – non tutti i soldi raccolti sono stati utilizzati in modo corretto ed efficace – il successo dell'iniziativa ha messo in luce l'esistenza di un'attenzione globale da parte della gente comune nei confronti delle popolazioni più povere.

Nel corso degli anni successivi, le associazioni della società civile hanno approfondito sempre più la loro interpretazione delle disuguaglianze mondiali, avviando battaglie politiche in favore di interventi riguardanti non più solo l'assistenza dei poveri, ma anche e soprattutto la rimozione delle cause stesse della povertà, da ottenersi interrompendo lo sfruttamento delle aree meno sviluppate e ridistribuendo le ricchezze mondiali.

Gli effetti della siccità in Sahel.

La ranocchia nel pozzo e il mondo globale

L'antitesi alla globalizzazione sarebbero un persistente separatismo e un'irriducibile autarchia.

È interessante richiamare qui alla memoria un'immagine di isolamento evocata, non senza una forte preoccupazione, in molti antichi testi sanscriti indiani.

Si tratta della storia di una ranocchia – la *Kupamanduka* – che trascorre l'intera vita in un pozzo e che sospetta di tutto quello che c'è al di fuori [...]. La ranocchia, naturalmente, aveva una "visione del mondo", ma circoscritta a quel piccolo pozzo. La storia scientifica, economica e culturale dell'umanità sarebbe molto limitata se avessimo vissuto come chiusi in un pozzo. Questo rimane un problema importante, perché in giro, al giorno d'oggi, ci sono miriadi di ranocchie e anche, naturalmente, di loro sostenitori e difensori.

La tesi dell'importanza dell'interazione e dei contatti su scala globale si applica, tra le altre, alle relazioni economiche. Una consistente evidenza indica che l'economia globale ha portato prosperità a molte diverse aree del pianeta. Fino a pochi secoli fa erano rare le eccezioni a condizioni di vita caratterizzate dalla diffusa povertà e pressoché inaccettabili.

Le interrelazioni economiche e lo sviluppo della tecnologia hanno contribuito enormemente al superamento di quella miseria e continuano a farlo. I poveri del mondo non possono, oggi, essere privati dei grandi vantaggi della tecnologia contemporanea o degli indiscutibili benefici che derivano dal vivere in società aperte piuttosto che chiuse, perché ciò non porterebbe a migliorare le loro condizioni economiche.

Il problema è, invece, come fare buon uso dei notevoli vantaggi dei rapporti economici e del progresso tecnologico, in modo che gli interessi dei deprivati e di deboli ricevano adeguata attenzione. In ciò consiste [...] la principale questione sollevata dai movimenti antiglobalizzazione.

Tratto da Amartya Sen, *Globalizzazione e libertà*, Mondadori 2003

Il movimento altermondialista

In questo contesto, i diversi movimenti della società civile hanno individuato come interlocutori principali gli Stati più ricchi e le più importanti organizzazioni economiche mondiali: il Fondo Monetario Internazionale (FMI), la Banca Mondiale (BM) e l'Organizzazione Mondiale del Commercio (OMC).

Durante una riunione internazionale dell'OMC, nel 1999 a Seattle, le manifestazioni della società civile per chiedere una globalizzazione più equa, sfociate in violenti scontri con la polizia, hanno assunto per la prima volta una risonanza mondiale, riuscendo così ad avviare un periodo di proteste che hanno segnato tutti i principali vertici internazionali successivi.

Nel medesimo periodo, le stesse associazioni hanno dato vita a una serie di incontri paralleli ai vertici ufficiali durante i quali migliaia di organizzazioni di tutto il mondo si sono ritrovate per discutere problemi e soluzioni riguardanti le popolazioni più povere; il più importante di questi è il World Social Forum, un incontro annuale dei membri dei movimenti per la globalizzazione alternativa che si è tenuto per la prima volta nel 2001 a Porto Alegre, in Brasile.

La società civile internazionale oggi

Iniziative come quelle di Porto Alegre hanno contribuito a far emergere, negli ultimi dieci anni, una grande quantità di organizzazioni sociali nei Paesi del Sud del mondo che si stanno mobilitando con una forza sempre maggiore per chiedere un modello di sviluppo che sia rispettoso di tutte le popolazioni del pianeta.

Le trasformazioni politiche ed economiche contemporanee hanno portato a un ridimensionamento del ruolo dei vertici internazionali e anche la società civile ha cambiato le proprie modalità di azione. Da una fase di protesta e contrapposizione nei confronti delle istituzioni internazionali, l'accento si è progressivamente spostato verso un sostegno alle organizzazioni sociali del Sud nelle loro battaglie perché vengano accettate determinate rivendicazioni.

Un esempio: la "battaglia del cotone"

Un esempio particolarmente significativo di questa mobilitazione della società civile nel Nord e nel Sud del mondo può essere rappresentato dalla battaglia sul commercio del cotone.

L'Africa occidentale è emersa negli ultimi decenni come uno dei più grandi produttori di cotone al mondo.

A differenza di quanto accade in altre regioni (come negli Stati Uniti), il cotone in Africa è prodotto per lo più da un'agricoltura familiare di piccola e media dimensione che coinvolge più o meno direttamente milioni di persone. Dopo una crescita molto rilevante nel corso degli anni No-

Bologna, le proteste contro la riunione dell'OCSE (giugno 2000).

vanta, negli ultimi anni il cotone africano è entrato in crisi a causa del prezzo sempre più basso al quale viene venduto sul mercato internazionale. Tale abbassamento è dovuto in buona parte alle politiche agricole e commerciali di alcune grandi potenze economiche produttrici di cotone, come gli Stati Uniti e l'Unione Europea.

Per rispondere a questa situazione, gli agricoltori africani si sono organizzati in associazioni di produttori che hanno cercato di difendere le proprie ragioni all'interno dei vertici nei quali si discute delle politiche economiche internazionali. In questa battaglia sono stati sostenuti da alcune grandi organizzazioni non governative e da una campagna di mobilitazione internazionale che ha cercato di fare pressione sui governi dei Paesi occidentali affinché cambiassero le loro politiche.

Al momento attuale gli agricoltori non sono ancora riusciti a vedere soddisfatte le loro richieste, ma sono ormai considerati a tutti gli effetti interlocutori di primo piano nel dibattito economico internazionale. Inoltre, in alcuni Stati come il Mali hanno ottenuto importanti risultati nel sostegno all'agricoltura familiare.

La raccolta del cotone in Benin.

La Via Campesina

La Via Campesina è un movimento internazionale che raccoglie diverse associazioni di piccoli e medi produttori rurali, contadini senza terra, lavoratori e lavoratrici agricoli e popolazioni indigene. Nel 2009 conta 148 organizzazioni, provenienti da 69 Paesi del mondo: 12 dall'Africa, 13 dall'America settentrionale, 66 dall'America latina, 33 dall'Asia e 24 dall'Europa.

Il movimento è nato nel 1993 in Belgio e negli anni successivi è cresciuto rapidamente, organizzando ogni quattro anni una conferenza internazionale sui temi più rilevanti del dibattito sull'agricoltura. L'ultima di queste conferenze si è svolta a Maputo, in Mozambico, nell'ottobre del 2008 ed è stata dedicata all'agricoltura familiare e alla sovranità alimentare come risposte alla crisi economica internazionale.

Il modello di produzione agricola proposto dal movimento, infatti, è fondato sul decentramento della produzione e della catena di approvvigionamento dei prodotti agroalimentari. In questo senso si contrappone al modello produttivo dell'agricoltura industriale che prevede la concentrazione della produzione e della commercializzazione dei prodotti intorno a un ristretto numero di grandi imprese multinazionali. La difesa dell'agricoltura locale e della sovranità alimentare sono i due assi fondamentali dell'azione del movimento, che negli ultimi anni è riuscito ad acquisire un'importanza crescente nell'ambito delle discussioni sulle politiche agricole e commerciali internazionali.

Il carattere al tempo stesso locale e globale dell'organizzazione, le permette da una parte di conoscere e rappresentare le specifiche istanze dei contadini e dall'altra di porle in discussione nelle sedi internazionali dove vengono decise le politiche agricole mondiali.

La Via Campesina ha promosso diverse campagne internazionali a favore di accordi commerciali internazionali che difendano l'agricoltura locale. Anche grazie a queste mobilitazioni sono stati bloccati diversi progetti di accordo che avrebbero favorito poche grandi imprese a spese di milioni di contadini nel Nord e nel Sud del mondo.

La difesa dell'agricoltura locale implica anche una difesa delle diverse varietà di coltivazioni che ogni popolazione ha selezionato nei secoli all'interno del proprio ambiente. Una delle campagne più importanti del movimento è dunque quella tesa a difendere la biodiversità contro la diffusione di Organismi geneticamente modificati (OGM) che, al fine di aumentare la produzione per il mercato internazionale, riducono le varietà dei prodotti coltivati. Difendere la diversità biologica contro quelle che la studiosa indiana Vandana Shiva definisce le "monocolture della mente" significa però anche permettere alle popolazioni locali di continuare a elaborare autonomamente la propria cultura, in continuità con le proprie tradizioni agricole e alimentari.

La Via Campesina non propone, dunque, semplici rivendicazioni politiche, ma un diverso modello di agricoltura e di società che permetta di integrare l'agricoltura con la tutela dell'ambiente e il rispetto delle culture dei singoli popoli, contribuendo al tempo stesso a migliorare le condizioni sociali ed economiche dei produttori locali.

La cooperazione internazionale

La nascita della cooperazione internazionale

La cooperazione allo sviluppo raccoglie un insieme molto differenziato di associazioni ed enti impegnate nel sostegno attivo alle popolazioni più povere. Già in epoca coloniale, in realtà, esistevano forme di assistenza istituzionale e non istituzionale verso popolazioni lontane. Nel corso del Novecento, però, tali iniziative sono aumentate e si sono diffuse in molte parti del pianeta, trasformandosi profondamente dal punto di vista qualitativo.

Un primo momento di cambiamento è riscontrabile dopo la fine della Seconda Guerra Mondiale. Il presidente degli Stati Uniti Harry Truman, in un celebre discorso del 1949, per la prima volta illustrò uno scenario internazionale segnato da profonde disuguaglianze e definì la necessità di intervenire per aiutare i Paesi che allora venivano definiti "sottosviluppati". Negli stessi anni la diffusione dei mezzi di comunicazione di massa permette alle popolazioni più ricche del pianeta di avere informazioni e immagini sulle condizioni di vita delle popolazioni più povere, condizionandone i comportamenti. In particolare, le immagini della carestia nel Biafra, alla fine degli anni Sessanta, colpirono per la prima volta in modo massiccio l'opinione pubblica occidentale, segnando così l'inizio della mobilitazione di massa nei confronti delle popolazioni più povere.

L'aiuto al "Terzo mondo"

In questo periodo gli Stati più ricchi avviarono progetti di sviluppo nei Paesi che allora venivano definiti del "Terzo mondo" e contemporaneamente nacquero diverse importanti associazioni indipendenti impegnate nel sostegno alle popolazioni povere. Molte delle operazioni di sviluppo avviate in questo periodo, soprattutto di origine statale, andranno incontro a fallimenti a causa dell'approccio troppo rigido da parte dei finanziatori. Molti dei grandi progetti realizzati in questo periodo vennero infatti realizzati senza tenere conto delle reali esigenze e richieste delle popolazioni locali. A ciò si deve aggiungere la cattiva gestione dei fondi da parte di molti governi del Nord e del Sud del mondo, impegnati più a perseguire le proprie strategie politiche che a sostenere le popolazioni locali.

A partire dall'analisi di queste difficoltà, le associazioni di cooperazione internazionale iniziarono a concentrare la propria azione sul rapporto diretto alle comunità dei Paesi del Sud del mondo, costruendo insieme alla popolazione locale progetti di sviluppo di piccola dimensione, ma mirati alle effettive esigenze delle persone più povere.

In questa fase, le associazioni di cooperazione allo sviluppo abbandonarono progressivamente la prospettiva caritativa delle origini e avviarono attività sempre più complesse, ma più durature, di vera e propria cooperazione con le organizzazioni sociali presenti nelle regioni in difficoltà.

Qui sotto, un camion dell'ONU distribuisce aiuti umanitari in Cambogia. In basso a destra, insegnamento dell'uso del telaio per la tessitura in un villaggio del Ciad.

Il caffè tra globalizzazione e autosviluppo

Globalizzazione significa non solo accedere ai mercati internazionali, ma spesso dipendere da questi e soprattutto dalle Borse internazionali dove si determinano i prezzi delle materie prime.

Dal 1980 a oggi, il valore delle principali materie prime – e più di 50 Paesi in via di sviluppo dipendono dall'agricoltura per almeno un quarto delle esportazioni – è sceso dal 15% al 10% sul totale degli scambi internazionali. Emblematico è il caso del caffè il cui prezzo sui mercati internazionali è crollato con effetti nefasti sui produttori e sulle economie dei luoghi di produzione. A fronte di una crisi dei mercati internazionali, il prezzo del caffè al dettaglio è invece in esplosione. Sono i paradossi del libero mercato: milioni di produttori sempre più poveri e poche multinazionali sempre più ricche; bassi prezzi all'ingrosso e alti prezzi al consumo; utili ripartiti tra le sei maggiori torrefazioni mondiali, che hanno in mano il 50% del mercato.

Una risposta alternativa è data dal commercio equo e solidale attraverso il quale: riequilibrare i rapporti con i Paesi economicamente meno sviluppati; migliorare l'accesso al mercato e le condizioni di vita dei produttori, garantendo un giusto guadagno e condizioni di lavoro dignitose; eliminare le intermediazioni speculative; sostenere finanziariamente progetti di autosviluppo. Josef J. Njau è un produttore di caffè della Tanzania e responsabile di un progetto di autosviluppo. Qui di seguito è raccontata la sua storia.

La Kilimangiaro Native Cooperative Union (KNCU), un'unione di cooperative sostenuta dal Commercio equo e solidale, produce caffè sui versanti del monte Kilimangiaro, a 1200 metri d'altitudine. I contadini sono sfiduciati. Il mercato non paga il caffè oltre il mezzo dollaro al chilo; produrlo costa 2,50 dollari. Molti contadini hanno già sostituito le coltivazioni di caffè con cereali e ortaggi per l'autosostentamento.

In Tanzania, solo il caffè consente di produrre per l'esportazione. Il ritorno a produzioni di autosostentamento (in altri Paesi alle piante del caffè si sostituiscono quelle della cocaina) rappresenta un passo indietro per milioni di persone che avrebbero invece necessità di poter migliorare le proprie condizioni di vita.

Un'ancora di salvezza è costituita dal Commercio equo e solidale che paga, ai contadini associati in cooperative, un prezzo remunerativo del loro lavoro: 2,60 dollari al chilo. Alla KNCU aderiscono 93 cooperative che operano in aree rurali e in piccoli villaggi. I produttori sono quasi 100 000 e fra loro non mancano le donne. Nata nel 1925, la KNCU è stata sciolta dal governo nel 1976, come tutte le altre cooperative del caffè, e rifondata nel 1984. Ogni contadino possiede in media mezzo ettaro di terreno su cui coltiva oltre al caffè, anche banane, mais e fagioli. Tutti insieme producono da 12,5 a 14 milioni di chilogrammi di caffè pergamino (cioè non ancora decorticato) all'anno. La cooperativa si occupa della lavorazione e della vendita del caffè, dell'organizzazione di servizi per gli associati come la vendita di beni di consumo in spacci cooperativi, la distribuzione a basso prezzo di vacche da latte ai contadini, la manutenzione delle strade non statali utilizzate per il trasporto del caffè, un fondo per il sostegno delle scuole secondarie e un fondo per sostenere prestiti a tasso agevolato.

Grazie all'intervento del Commercio equo e solidale i soci delle cooperative hanno migliorato la produzione, creando così ulteriori occasioni di crescita e sviluppo.

Una piantagione di caffè in Zimbabwe.

Le ONG tra presente e futuro

A partire dagli anni Ottanta, le associazioni di cooperazione internazionale si rafforzarono, anche a causa degli scandali che colpirono le politiche di cooperazione gestite dagli Stati. Alcuni governi occidentali, infatti, sotto la copertura di aiuti internazionali, finanziavano in realtà regimi corrotti e violenti del Sud del mondo, al fine di favorire le proprie politiche internazionali. Le associazioni di cooperazione internazionale, per distinguersi dall'apparato statale, iniziarono ad essere chiamate Organizzazioni Non Governative (ONG). Nel corso degli ultimi decenni le ONG sono cresciute in numero e in dimensioni, riuscendo a promuovere progetti sempre più grandi e complessi, anche se la situazione attuale presenta diverse difficoltà.

Le ONG oggi svolgono un ruolo di primo piano nel sostegno alle popolazioni del Sud del mondo. Solo in Italia sono 243 le ONG riconosciute dal Ministero degli Affari Esteri. A queste, inoltre, occorre aggiungere le migliaia di organizzazioni più informali che sostengono in vario modo le popolazioni del Sud del mondo.

Per avere informazioni sulle ONG riconosciute dal Ministero degli Affari Esteri, consulta il sito www.cooperazioneallosviluppo.esteri.it

Questo grande sviluppo dell'associazionismo legato alla cooperazione internazionale, tuttavia, non è stato accompagnato da uno sforzo adeguato da parte dei governi che, nonostante le promesse di finanziamenti, continuano a ridurre i fondi dedicati a questa realtà. Gli Stati donatori, infatti, si sono impegnati in sede internazionale (vertice di Copenaghen, 1995) a destinare lo 0,7% del Prodotto Interno Lordo al settore dell'Aiuto Pubblico allo Sviluppo (APS), ma oggi solo 5 Paesi (Danimarca, Lussemburgo, Paesi Bassi, Norvegia e Svezia) rispettano tale promessa. L'Italia nel 2007 ha destinato a questo ambito solo lo 0,19% del PIL.

La cooperazione internazionale, nonostante le difficoltà, in questi decenni ha contribuito a rafforzare le organizzazioni locali dei paesi del Sud del mondo. Oggi, la maggior parte delle ONG del Nord del mondo lavora in collaborazione con associazioni dei Paesi del Sud che, conoscendo meglio il territorio locale, sono in grado di interagire in modo più efficace con le comunità locali al fine di individuare i problemi e le possibili risposte.

Una "Comunità di apprendimento" a Quito

Anche le organizzazioni non governative dei Paesi del Sud del mondo costruiscono reti di solidarietà internazionale, non soltanto con quelle dei Paesi ricchi, ma anche del tipo Sud-Sud, cioè con quelle di altri Paesi poveri o in via di sviluppo. Globalizzazione significa quindi anche un altro tipo di cooperazione, mirata alla costruzione di comunità transcalari aventi interessi e responsabilità reciproci.

L'associazione ASA (*Asociacion Solidaridad y Accion*) di Quito (Ecuador) è una ONG formalmente riconosciuta dal governo di questo Paese sudamericano. Opera dal 1994 nel settore educativo, formativo (imprenditoria etica di qualità), culturale (scambi), sociale (accoglienza e appoggio a famiglie problematiche, costruzione di abitazioni, raccolta di rifiuti, realizzazione e miglioramento di strade) e politico (incontri con le comunità territoriali).

In ambito educativo, vi è fra gli altri il progetto *Creazione di Comunità di Apprendimento nei quartieri urbani marginali*: riguarda alcune aree della capitale ecuadoregna ed è il risultato di tredici anni di lavoro durante i quali ASA ha attivato una serie di comunità di servizi educativi, ovvero una rete di servizi educativi di sviluppo per l'infanzia, di appoggio scolastico (*nella fotografia*) e biblioteche. Obiettivo del progetto è il miglioramento della gestione dei centri educativi, già sostenuti da altri organismi o enti (come il Programma Operazione Soccorso Infantile), che finanziano una parte dell'attività dei suddetti centri e delle famiglie dei bambini che si trovano nei centri stessi.

Il quadro degli attori che, a diverso titolo, partecipano al progetto mostra come un'azione apparentemente localizzata abbia una rete di supporto articolata su una pluralità di scale tra loro interconnesse: dalle Comunità locali al CONFIE (Consorzio di organizzazioni non governative a favore della famiglia e dell'infanzia ecuadoregna), dagli enti nazionali al COMPINA (Consiglio Metropolitano di Protezione Integrale all'Infanzia e Adolescenza), da ASA Ecuador ad ASA onlus Italia.

Il ruolo di ASA e di altre organizzazioni non governative è sempre più ambizioso visto l'intensificarsi dei problemi sociali legati all'emigrazione (riconfigurazione dell'ambito familiare, peggioramento delle crisi familiari, intolleranza, mancata integrazione, isolamento), divenuta un problema dal 2000, a seguito della crisi economica generata dalla dollarizzazione (si ha dollarizzazione quando gli abitanti di un Paese utilizzano la valuta emessa da uno Stato straniero in parallelo o in sostituzione della propria).

Nel 2007, il 23,7% della popolazione, di cui il 57,7% è costituito da giovani tra i 18 e 29 anni, risultava emigrata. In quasi un decennio di migrazione, le rimesse stanno però giocano un ruolo fondamentale nella rivitalizzazione dell'economia nazionale.

Domande e attività

1. Brevetti e saperi locali

a. Leggi il brano tratto da *Il mondo sotto brevetto*, di Vandana Shiva (Feltrinelli, 2002), eventualmente anche con l'aiuto di altre fonti (libri, articoli di giornale, Internet) cerca di ricostruire con più dettagli l'annosa questione dei brevetti. Quali sono, a tuo parere, le ricadute concrete della liberalizzazione di brevetti sui saperi tradizionali?

....

....

....

....

b. Cosa si potrebbe fare per proteggere i saperi locali dall'invasione dei brevetti?

....

....

....

....

....

Il mondo sotto brevetto

Prima degli anni Ottanta, i brevetti non avevano alcun legame con la nostra vita quotidiana. Le sole persone che si occupavano di brevetti erano gli inventori che li richiedevano, coloro che esaminavano le richieste e gli avvocati specializzati in materia. [...] L'accordo sui diritti di proprietà intellettuale legati al commercio ha globalizzato le leggi sui brevetti d'ispirazione statunitense, producendo conseguenze ed effetti di ampia portata non solo sulla capacità di provvedere ai nostri essenziali bisogni alimentari e sanitari, bensì anche sulla nostra democrazia e sulla nostra sovranità.

L'universalizzazione dei brevetti estesi a tutti i campi (vivente compreso), ha causato l'invasione delle nostre foreste e fattorie, delle nostre cucine e dei nostri giardini da parte dei brevetti. Questi, infatti, vengono ora concessi non solo sulle macchine, bensì anche sul vivente nelle sue forme più svariate; non solo sulle nuove invenzioni, dunque, bensì anche sul sapere dei nostri antenati.

Il sapere indigeno relativo a varietà vegetali quali neem, haldi, karela, jamun, kalil mirch, bhu-amla e a centinaia di altre piante impiegate a scopi alimentari e medicinali, utilizzato in India per secoli al fine di soddisfare bisogni quotidiani (*e di altri popoli, come quelli amazzonici, nella foto*), rischia concretamente di essere brevettato dal mondo occidentale ai soli fini di profitto commerciale.

Questo è un fenomeno di vera e propria biopirateria; e contrariamente alla percezione comune i diritti di proprietà intellettuale occidentali (in particolare, le leggi statunitensi sui brevetti), ben lungi dall'impedire la pirateria intellettuale, sembrano addirittura promuoverla, spingendosi in alcuni casi fino alla violazione dei diritti umani. [...] I diritti di proprietà intellettuale sono stati utilizzati dai Paesi industriali, e soprattutto dagli Stati Uniti, per esercitare una smaccata "coercizione politica".

Somalia. *Il primo arrivo degli aiuti alimentari del World Food Programme (1999).*

2. L'aiuto pubblico allo sviluppo

Con in dati della tabella costruisci un grafico che mostri le differenze tra i diversi Paesi nell'Aiuto Pubblico allo Sviluppo nel 1991/92 e nel 2007.

a. Quali Paesi nel 1992 rispettavano l'impegno di destinare alle politiche di sviluppo internazionale lo 0,7% del PIL? E oggi?

....

....

....

....

....

....

b. Che osservazioni puoi fare sui Paesi donatori in generale e nello specifico sul caso italiano?

....

....

....

....

....

L'EVOLUZIONE DELL'AIUTO PUBBLICO ALLO SVILUPPO (APS) NEI PAESI MEMBRI DEL COMITATO DI AIUTO ALLO SVILUPPO (DAC)

	Aiuto Pubblico allo Sviluppo 2007 (dollari USA)	APS/PIL 2007 (%)	APS/PIL 1991/'92 (%)
Australia	2 669	0,32	0,36
Austria	1 808	0,50	0,33
Belgio	1 953	0,43	0,88
Canada	4 080	0,29	0,73
Danimarca	2 562	0,81	1,03
Finlandia	981	0,39	0,83
Francia	9 884	0,38	0,69
Germania	12 291	0,37	0,58
Giappone	7 679	0,17	0,57
Grecia	501	0,16	..
Irlandia	1 192	0,55	0,31
Italia	3 971	0,19	0,59
Lussemburgo	376	0,91	0,32
Norvegia	3 728	0,95	1,32
Nuova Zelanda	320	0,27	0,29
Paesi Bassi	6 224	0,81	1,28
Portogallo	471	0,22	0,38
Regno Unito	9 849	0,36	0,73
Spagna	5 140	0,37	0,27
Stati Uniti	21 787	0,16	0,47
Svezia	4 339	0,93	1,02
Svizzera	1 689	0,37	1,27
TOTALE DAC	103 491	0,28	0,58

3. Il debito e l'Aiuto allo Sviluppo

Molti Paesi che ricevono aiuti economici dagli Stati più ricchi, devono pagare ogni anno ingenti somme per i debiti contratti in passato con le istituzioni finanziarie internazionali e con gli stessi Paesi ricchi.
Tra gli aspetti più rilevanti dell'Ottavo obiettivo vi è anche la soluzione di questa situazione che indebolisce fortemente gli Stati più poveri.

AIUTO ALLO SVILUPPO E DEBITO ESTERO IN ALCUNI STATI A BASSO INDICE DI SVILUPPO UMANO

	APS ricevuto (milioni $)	APS ricevuto pro capite ($)	% APS/PIL 1990	% APS/PIL 2005	% interessi del debito/PIL 1990	% interessi del debito/PIL 2005
Senegal	689,3	59,1	14,2	8,4	5,7	2,3
Eritrea	355,2	80,7	nd	36,6	nd	2,1
Nigeria	6 437,3	48,9	0,9	6,5	11,7	9,0
Tanzania	1 505,1	39,3	27,3	12,4	4,2	1,1
Guinea	182,1	19,4	10,3	5,5	6,0	4,9
Rwanda	576,0	63,7	11,1	26,7	0,8	1,1
Angola	441,8	27,7	2,6	1,3	3,2	6,8
Benin	349,1	41,4	14,5	8,1	2,1	1,6
Malawi	575,3	44,7	26,6	27,8	7,1	4,6
Zambia	945,0	81,0	14,4	13,0	6,1	3,3
Costa d'Avorio	119,1	6,6	6,4	0,7	11,7	2,8
Burundi	365,0	48,4	23,2	45,6	3,7	4,9
Congo	1827,6	31,8	9,6	25,7	3,7	3,0
Etiopia	1 937,3	27,2	8,4	17,3	2,0	0,8
Ciad	379,8	39,0	17,9	6,9	0,7	1,1
Repubblica centrafricana	95,3	23,6	16,7	7,0	2,0	0,4
Mozambico	1 285,9	65,0	40,5	19,4	3,2	1,4
Mali	691,5	51,1	19,8	13,0	2,8	1,7
Niger	515,4	36,9	15,6	15,1	4,0	1,1
Guinea-Bissau	79,1	49,9	51,8	26,3	3,5	10,8
Burkina Faso	659,6	49,9	10,5	12,8	1,1	0,9
Sierra Leone	343,4	62,1	9,1	28,8	3,3	2,1

Fonte: UNDP, *Human Development Report 2007/2008*

a. Con i dati della tabella costruisci un grafico che metta a confronto il peso del debito rispetto al PIL con quello degli Aiuti allo sviluppo.

b. Come è cambiata la situazione del debito tra il 1990 e il 2005?

....

....

....

c. Quali sono i Paesi nei quali la situazione appare più difficile?

....

....

....

4. La Carta di Trento: per una migliore cooperazione

Attualmente, in Italia, la normativa in vigore che regola la cooperazione allo sviluppo è del 1987 (legge 26 febbraio 1987, n. 49). Numerose sono le richieste per una nuova legge che possa rispondere alle attuali problematiche e a una realtà internazionale profondamente modificata.

La Carta di Trento è un progetto in divenire avviato nel 2008 che si concluderà nel 2015 seguendo a ritroso gli Otto Obiettivi del Millennio: propone una riflessione per nuove pratiche di cooperazione. Si tratta di un'agenda, suddivisa in otto parti di cui la prima realizzata è dedicata all'ottavo Obiettivo (2008) e la seconda al settimo (2009). Puoi leggere il testo scaricabile al sito:

www.unimondo.org/Notizie/Carta-di-Trento-per-una-cooperazione-verde

■ La tabella riporta il decalogo proposto dalla Carta di Trento per una migliore cooperazione. A partire dal "come vorremmo che fosse", prova a ipotizzare qual è l'attuale situazione della cooperazione internazionale.

I PUNTI CARDINE DELLA CARTA DI TRENTO	
Leggere il presente	Una cooperazione che rifletta e agisca
Riguadagnare il mondo	Una cooperazione dialogica e non autoreferenziale
Investire nel capitale	Umano e sociale
La comunità al centro	Una cooperazione di qualità, svincolata dall'economicismo
I diritti nella responsabilità	Oltre la logica dei bisogni
Entrare in relazione	Una cooperazione oltre l'emergenza e accanto ai conflitti
Cooperare al plurale	Riconoscere il pluriverso degli attori e delle forme
Oltre la rete	Costruire visioni d'insieme nel fare cooperazione
Guardando al futuro	Una cooperazione sostenibile e responsabile
Il senso del limite	Una cooperazione sperimentale, fallibile, partecipata

a. Quali sono, a tuo parere, le principali difficoltà che deve affrontare chi lavora nell'ambito della cooperazione internazionale?

....

....

....

....

....

....

....

....

b. Molto spesso la cooperazione è accusata di "neocolonialismo". Che cosa può significare?

....

....

....

5. Il Commercio equo e solidale

a. Leggi il brano sul caso del caffè a p. 89. Il Commercio equo e solidale garantisce ai contadini un maggior guadagno; come viene impiegato?

....

....

....

b. Quali sono, a tuo parere, i limiti del Commercio equo e solidale?

....

....

....

note

note